全国技工院校文化系列教材

中华优秀传统文化

（北京卷·第二册）

Zhonghua Youxiu Chuantong Wenhua

主编 段江丽
李 玲

中国劳动社会保障出版社

图书在版编目（CIP）数据

中华优秀传统文化. 北京卷. 第二册 / 段江丽，李玲主编；杨眉等编. -- 北京：中国劳动社会保障出版社，2020

全国技工院校文化系列教材

ISBN 978-7-5167-4850-3

Ⅰ. ①中… Ⅱ. ①段… ②李… ③杨… Ⅲ. ①中华文化 - 技工学校 - 教材 Ⅳ. ① K203

中国版本图书馆 CIP 数据核字（2020）第 252527 号

中国劳动社会保障出版社出版发行

（北京市惠新东街 1 号　邮政编码：100029）

*

北京市白帆印务有限公司印刷装订　　新华书店经销

787 毫米 × 1092 毫米　16 开本　11 印张　132 千字

2020 年 12 月第 1 版　　2024 年 11 月第 5 次印刷

定价：24.00 元

营销中心电话：400-606-6496

出版社网址：http://www.class.com.cn

http://jg.class.com.cn

中华优秀传统文化（北京卷）教材编写人员

主　编　段江丽　李　玲

副主编　（按姓氏笔画排序）

　　　　杨　眉　杨旭伟　陈琳静　钟　飞

参　编　（按姓氏笔画排序）

　　　　马晓芳　邓　宁　毕艳红　刘海云　江连凤

　　　　李庆松　何语华　沈　爽　张　萌　张清珂

　　　　陈海霞　徐章燕　崔　琪　韩德敏

主　审　向燕南

《关于实施中华优秀传统文化传承发展工程的意见》指出，中华文化是中华民族生生不息、发展壮大的丰厚滋养，是中国特色社会主义植根的文化沃土，是当代中国发展的突出优势，对延续和发展中华文明、促进人类文明进步发挥着重要作用。技工院校开展传统文化教学，有助于未来的技能人才坚定文化自信，激发爱国热忱，树立投身实现中华民族伟大复兴事业的职业理想。

技能人才在中华历史长河中发挥着重要作用。《周礼·考工记》说："百工之事，皆圣人之作也。烁金以为刃，凝土以为器，作车以行陆，作舟以行水，此皆圣人之所作也。""圣"的繁体为"聖"，上半部左边是耳，右边是口，就是既善用耳，又善用口，本义是通达事理。《周礼·考工记》将发明制造刀具、陶器、车、船的人视为通达事理、才智过人的圣人，向用双手缔造华夏文明的工匠表达了敬意。

本套教材以培养新时代的大国工匠为出发点，充分贯彻党的十九大精神，深入挖掘中华优秀传统文化蕴含的思想观念、人文精神、道德规范，以提炼和弘扬传统文化中的工匠精神为重点，使中华民族先人的智慧与时代要求相结合，绽放穿透历史的光彩，展现历久弥新的魅力。

北京是数朝古都，物华天宝，钟灵毓秀，四海学问毕集幽燕，九州绝艺咸聚斯地。民间礼俗之讲究犹存古意，工匠技法之传承绵延有序。长城巍峨，迤逦青山之脊；宫阙壮丽，雄伫紫微之垣。珐琅彩熠，灿若云霓；白玉垂虹，巧夺天工。更有良医制药，纾困宇内；名臣开河，沟通南北。可谓千古风流尽在一城。教材北京卷立足民族传统，秉承京华气韵，展现首都风貌，培养乡土

情怀，充分发挥首善之区的文化优势，培育服务北京发展的技能人才，搭建植根深厚文化土壤的教学平台。

教材北京卷分为四册。单册设四个单元，分别是百工之艺、处世之道、哲人之思、民俗之情，各册相同。每单元包含四课，每课一主题。百工之艺以北京地区为主，展示从古至今的能工巧匠创造的辉煌技术文明；处世之道解析先人在长期社会生活实践中总结出来的处世原则和方法；哲人之思阐释对中国历史文化演进起到重要促进作用的传统哲学思想；民俗之情介绍衣食住行诸方面的传统礼俗，突显北京地区的风物人情。

为准确反映文化内涵，契合技工院校教学实际，教材采用高校知名专家团队执笔、地方技工院校一线教师参与设计的编写模式，内容以诵读文本为核心，融合历史故事和文化知识，落脚于优秀传统文化在新时代焕发的生机，可供相关选修课和晨晚读之用，也可用于第二课堂教学或自学。教材应用场景的拓展，使传统文化菁华能够更充分地浸润心智、涵养精神。

光荣属于劳动者，幸福属于劳动者。希望未来的大国工匠们，熏陶于文化，鉴古而知今，继承和发扬中华民族勤劳勇敢的优秀品格，立志高远，守正笃实，锐意进取，精益求精，以汗水和智慧为北京的建设、为国家的发展、为民族的复兴做出自己的贡献，赢得精彩的人生！

人力资源社会保障部教材办公室

北京市职业能力建设指导中心

2020 年 12 月

目录

百工之艺

处世之道

哲人之思

民俗之情

百工之艺

壹 华园锦绣

中国古典园林有皇家园林、寺观园林、私家园林三大类型。其中皇家园林以其规模宏大、建构精致、形式多样、意蕴丰富而成为园林艺术的集大成者。中国皇家园林，山水相融，楼阁栉比，亭台错落，自然之美与人文之妙相得益彰，处处彰显典雅富丽的皇家气派。当我们驻足凝思便会发现，如此华丽精妙的建筑群，不仅是古代工匠超凡的设计水平的展示，也是中国古典园林美学的结晶。了解皇家园林，我们不仅要探索其发展历史和感受其艺术神韵，更要把握流淌于山水楼台间的工匠血脉与民族精神。

诵读文本

园说（节选）

［明］计成

凡结林园，无分村郭，地偏为胜，开林择剪蓬蒿；景到随机，在涧共修兰芷。径缘三益，业拟千秋。围墙隐约于萝间，架屋蜿蜒于木末。山楼凭远，纵目皆然；竹坞寻幽，醉心既是。轩楹高爽，窗户虚邻；纳千顷之汪洋，收四时之烂漫。梧阴匝地，槐荫当庭；插柳沿堤，栽梅绕屋；结茅竹里，浚一派之长源；障锦山屏，列千寻耸翠，虽由人作，宛自天开。刹宇隐环窗，仿佛片图小李；岩峦堆劈石，参差半壁大痴。萧寺可以卜邻，梵音到耳；远峰偏宜借景，秀色堪餐。紫气青霞，鹤声送来枕上；白苹红蓼，鸥盟同结矶边。

译文

大凡建造园林，不分乡村和城镇，地方以偏僻幽静为佳，凡开辟为树林之处就要除掉杂草；借自然环境营造景观，在涧流边培植兰花芷草。园林内的路边栽种些梅、石、竹，才能长久地惠泽后代。围墙要掩藏在藤萝中，使之隐约可见，屋架要高置于树梢间，形成蜿蜒之势。依山楼凭栏远眺，放眼都是美景；信步竹林而寻幽静，因喜爱而醉心其中。屋宇轩昂而高爽，窗前空旷敞亮，没有遮挡；接纳千顷汪洋的波光，收揽四季烂漫的花信。梧桐树影布满大地，槐树绿荫照满庭院；河堤沿岸栽种柳树，房屋四周培植梅花；在竹林里修建茅舍，开凿一条涓涓细流从旁绕过；重峦叠嶂犹如锦绣屏风，门前高耸一列翠景，虽然皆出自人工造景，但宛如天然生成一般。古刹庙宇在窗中若隐若现，犹如唐代李昭道的金碧山水画；陡峭的山岩用斧劈状的石头垒筑而成，又如元代画家黄公望笔下参差雄伟的山水画。可择清静的佛寺为邻，耳边能时常听到诵经声；远处山峰最适合借景，可饱览秀丽的景色。远望紫气青霞缭绕，在睡枕上就能听见传来的仙鹤鸣声；近看水中漂浮的白蘋红蓼，在矶石上与鸥鸟结伴一同遨游。

诵读文本

悠然把酒对西山——颐和园（节选）

陈从周

建在万寿山上的佛香阁是颐和园的中心

颐和园是以杭州西湖为蓝本，精心模拟，故西堤、水岛、烟柳画桥，移江南的淡妆，现北地之胭脂，景虽有相同，趣则各异。园面积达三四平方公里，水面占四分之三，“北国江南”因水而成。入东宫门，见仁寿殿，峻宇翚飞，峰石罗前。绕其南豁然开朗，明湖在望。万寿山面临昆明湖，佛香阁踞其颠，八角四层，俨然为全园之中心。登阁则西山如黛，湖光似镜，跃然眼帘；俯视则亭馆扑地，长廊萦带，景色全囿于一园之内，其所以得无尽之趣，在于借景。小坐湖畔的湖山真意亭，玉泉山山色塔影，移入槛前，而西山不语，直走京畿，明秀中又富雄伟，为他园所不及。

雍正建园

康熙皇帝晚年，诸皇子谋求继承皇位。第四子胤禛颇得康熙信任，获赐北京西郊一座依山傍水的花园。他在这座花园的基础上依据地形建造楼台亭榭，取天然之趣，并不断扩大规模。据记载，胤禛曾 12 次邀父皇来园游赏。康熙也对这个园子很满意，御赐园额“圆明园”。康熙最后一次到圆明园是专程去牡丹台（后改称“镂月开云”）欣赏牡丹，侍奉在侧的有胤禛第四子弘历，也就是后来的乾隆皇帝。这是弘历第一次谒见祖父，他表现十分得体。康熙异常喜爱这个孙子，不久就将弘历召入宫中教养。在一定程度上可以说，圆明园因其大美，奠定了胤禛、弘历两代帝王继位的基础。

圆明园的修建随着胤禛和弘历地位的稳固而愈发受到重视。历经清朝六代帝王，圆明园最终被建成了一座大型山水园林。园内大小湖泊总面积 124.00 万平方米，共有源自昆明湖、万泉河以及院内泉、井的三条水系。圆明园四十景中的“上下天

牡丹台 / 镂月开云复原图

光”“水木明瑟”“海岳开襟”“方壶胜境”等多与水有关。除了水，圆明园还有山。虽是平地造园，却挖湖垒土，堆叠出连绵不断的人工山脉，并借西山远景，使人从湖上看去，有层峦叠嶂之感。圆明园兼蓄南北，博采东西，汇天下美景于一园，是中国古典园林的登峰造极之作，也是一座收藏相当丰富的皇家博物馆，被誉为“一切造园艺术的典范”和“万园之园”。法国作家雨果曾说：“即使把我国所有圣母院的全部宝物加在一起，也不能同这个规模宏大而富丽堂皇的东方博物馆媲美。”1860 年 10 月，圆明园惨遭英法联军洗劫，后几经战火，已经辉煌不再。这里的一草一木，成为兴衰荣辱的历史见证。

匠心传承“样式雷”

若论清代皇家园林修建工程的最大贡献者，非“样式雷”家族莫属。传说康熙年间太和殿重修竣工的上梁仪式上，有个安装脊檩的步骤。康熙皇帝亲临观看，可上梁安装的官员技术不好，榫卯总是合对不上，主持仪式的官员都急坏了。最后，在场的一名从南方来的工匠雷发达自告奋勇代替官员完成安装。康熙非常欣赏这位工匠，当场封他七品官。这个传说和事实有些出入。实际上，故事的主角儿是雷发达的儿子雷金玉，发生的地点也不是太和殿，而是畅春园的正殿“九经三事殿”，但雷金玉凭借高超技艺得到康熙欣赏是真实的。

雷发达

从雷发达算起，直到清朝末年，雷家共八代人负责皇室建筑的设计与修建，这个世袭的宫廷建筑师家族被人们称为“样式雷”。“样式雷”负责过圆明园、颐和园、承德避暑山庄、清东陵和西陵这些重要的皇家工程的设计。工匠营造，薪火传承，雷家的建筑师们不但潜心钻研技艺，达到登峰造极的水平，更彰显出工匠艺人的家国情怀。战乱年间，北京城和城内外各类皇家建筑曾遭到破坏，“样式雷”第七代传人雷廷昌及第八代传人雷献彩主持了大规模修复、重建工程，如北京正阳门及箭楼、大高玄殿等。雷家为中国古代建筑做出了巨大贡献。

历代变迁

今日北海

中国古典园林有皇家园林、寺观园林、私家园林三大类型。其中皇家园林历史最为悠久，从公元前11世纪周文王修建灵囿算起，到19世纪末慈禧太后重建清漪园为颐和园，就有3 000多年的历史。在这漫长的岁月中，几乎每个朝代都有宫苑的建置，如秦汉的上林苑、北宋的艮岳。

北京现存的皇家园林是以金代园林为基础，经元、明、清三代不断扩建、增设而成。城内的园林集中于“三海”，即今天的北海公园和中南海；西郊的园林集中在海淀镇到香山一带，共有90多座皇家园林，连绵20余里，蔚为壮观。其中以“三山五园”最为著名，“三山”指万寿山、香山、玉泉山，“五园”指颐和园、静宜园、静明园、畅春园和圆明园。

圆明园等西郊园林于1860年遭英法联军洗劫、焚烧，而后又遭匪盗破坏，大多变成废墟。清廷曾在19世纪末重建部分园林，如将清漪园重建为颐和园，但圆明园终究被毁弃。今天，圆明园原址上建起了遗址公园，成为著名的爱国主义教育基地。

皇家气派

皇家能够利用其政治、经济上的权力，占据大片土地营造园林以供自己享用，所以皇家园林规模之大、气派之盛，远非私家园林可比。皇家园林多雍容华贵、金碧辉煌，体现出浓厚的宫廷色彩。皇权至尊的观念也贯穿在园林的营建之中，有限的空间传达着无限的内涵。例如，圆明园九岛环列的后湖，象征禹贡九州；东面的福海象征东海，其中筑有三座岛屿，一大两小，代表蓬莱、方丈、瀛洲三岛，景名“蓬岛瑶台”，表达企望永生的强烈愿望；建于全园最高土山上的紫碧山房，象征昆仑山。整个圆明园内的景物和建筑设计有着“普天之下，莫非王土”的寓意。

架构山水

架构山水是中国皇家园林突出的艺术特色。在古代，人们热爱山环水抱的生存环境。孔子曾指出“仁者乐山，智者乐水”，把山水与人的品格结合起来。为此，帝王便更加喜欢利用特权在皇家园林中使山水相结合。架构山水既可以包络原山真湖，如承德避暑山庄；亦可叠砌开凿，造出宛若天然的山峦湖海，如宋代的艮岳、清代的圆明园；还可以借远山之景与园内水系相映，清代颐和园、圆明园对借景手法的运用就非常突出。

颐和园借景西山

谈古论今

前面您提到的“样式雷”真厉害！可是仅仅设计好，对修建圆明园和颐和园还不够吧？

当然不够。圆明园和颐和园这样庞大的皇家园林是由无数工匠耗费数十年修建而成的，施工的关键是要严格按照设计图样和建筑模型建造。“样式雷”们不仅拥有高超的建筑技艺，更善于创新与研究，他们最重要的贡献就在图样的绘制、模型的制作方面。就目前所知，战国时就有了建筑总平面图，隋代已出现了模型设计。这种技术在历代“样式雷”手中又大为改进，他们娴熟地运用图形语言和设计模型来表达创作理念并指导施工。这充分彰显了中国工匠的非凡智慧，对现代建筑设计、三维图绘制、立体模型制作都颇有启发意义。“样式雷”有许多珍贵的图样、烫样传世。2007 年，这些图档入选联合国教科文组织世界记忆名录，成为我国在世界上第五个记忆遗产。

老师，什么是烫样呢？

长春宫烫样

烫样就是古代建筑设计中的一种立体模型。雷氏家族的每个建筑设计方案，都按 1/100 或 1/200 的比例先制作模型进呈内廷，供皇室和官员审定。这种

圆明园廓然大公烫样局部

模型一般用纸张、秫秸、油蜡、木头等材料加工，还要经过热压才能完成，所以叫烫样。烫样中的台基、瓦顶、柱枋、门窗，以及床榻桌椅、屏风纱窗等均按比例制成，每个部分都可以自由拆卸、组装，制作十分精细。烫样是研究清朝建筑历史、文化及工艺的重要资料，也是部分古建筑修缮或复建的重要参考依据。

在哪里能看到“样式雷”的烫样呢？

故宫博物院就藏有烫样 80 余件。这些烫样涵盖圆明园、万春园、颐和园、北海、清东陵等多处园林建筑的立体模型。你到故宫东华门的古建馆就可以看到，相信你会受益匪浅的！

谢谢您！我周末就去参观。

贰 四合谐美

四合院又称四合房，是在东、南、西、北四面建造房屋，中间合围成一个露天庭院的建筑组合。它广泛运用在各地传统民居、宫殿、庙宇、官府等建筑中，深受中国人民的喜爱。

北京四合院是中国四合院民居建筑的杰出代表，于元代奠定格局，明清两代形成由倒座、垂花门、抄手游廊、正房、东西厢房和后罩房等组成的四合院布局。经过几百年的匠心传承与文化积淀，北京四合院不仅在建筑技艺上十分考究，更承载着中国传统文化的丰富内涵，生动展现了老百姓对吉祥美满、幸福安康的向往和追求。

诵读文本

老北京的四合院（节选）

邓云乡

四合院之好，在于它有房子、有院子、有大门、有房门。关上大门，自成一统；走出房门，顶天立地；四顾环绕，中间舒展；廊栏曲折，有露有藏。如果条件好，几个四合院连在一起，那除去合之外，又多了一个深字。“庭院深深深几许”“一场愁梦酒醒时，斜阳却照深深院”……这样纯中国式的诗境，其感人之处是和古老的四合院建筑分不开的。

北京四合院好在其合，贵在其敞。合便于保存自我的天地；敞则更容易观赏广阔的空间，视野更大，无坐井观天之弊。这样的居住条件，似乎也影响到居住者的素养气质。一是不干扰别人，自然也不愿别人干扰。二是很敞快、较达观、不拘谨、较坦然，但也缺少竞争性，自然也不斤斤计较。三是对自然界很敏感，对春夏秋冬岁时变化有深厚情致。

诵读文本

四合院的精神（节选）

叶兆言

四合院是传统中国的写真，小小一个四合院，最适合旧式中国家庭居住。有一个德高望重的老爷子，一定德高望重，只有德高望重，才压得住阵脚，才能得到一大家子的敬重和爱戴。不晚婚，很容易就四世同堂，后代一大堆。于是儿子辈有出息，媳妇们贤惠，孙子不是找了事做，就是还在学堂里读书。冬日里阳光明媚，安度晚年的老爷子在屋檐下晒太阳，重孙们在院子里追逐打闹，这是一幅很好的画。

四合院可以成为一个袖珍的小世界，几代人同居，子承父业，上行下效，代与代之间的代沟，很自然地就被抹平。世界在变，时代在发展，四合院风吹雨打日晒，却像一个几方面都受力的平行四边形，扭曲变形，仍然还顽强保持着方框框的形象。四合院以不变应万变，人一代代地繁衍，江山一代代替换，四合院还是四合院。

四合院里最适合赏雪。下雪了，隔着玻璃窗看，看雪渐渐有了点意思。窗外的走廊上放着冻柿子，红红的，衬着白白的雪，越看越可爱，终于触动了馋虫，冲出去取那冻得硬邦邦的柿子。院子里已落了厚厚的一层雪，最淘气的那位孙子故意神头鬼脸地从院子中间穿过，在一家人的眼皮底下，丢下一长串清晰的脚印。四合院的雪地上留下的脚印，有一种别样的人情味。

（本文略有删改）

北京四合院与名人故居

北京作为一座历史悠久的古都，保留了许多名人故居。穿梭在老北京胡同里，推开一座四合院的大门，你不仅能体验到温馨、醇厚的京味文化，还可以找寻到前辈先贤的生活印记，感知蕴藏其间的精神品质。

“在我的后园，可以看见墙外有两株树，一株是枣树，还有一株也是枣树。”鲁迅先生在散文《秋夜》里曾这样描述他居住的四合院。实际上，鲁迅先生在北京城曾多次搬家，这座种植枣树的四合院坐落在北京市西城区宫门口二条 19 号，是他在 1923 年 12 月购买、1924 年入住的。在这里，鲁迅先生完成了《华盖集》《华盖集续编》《野草》等文集，以及《彷徨》《坟》《朝花夕拾》中的部分文章。中华人民共和国成立后，这里被扩建成北京鲁迅博物馆。

在北京市东城区灯市口西街丰富胡同 19 号，有一座典型的北京四合院，著名文学家老舍先生曾居住于此。老舍先生和夫人胡絜青在院子里一起种了两棵柿子树。每逢深秋，树上便挂满了红润可爱的柿子，因此这里便有了“丹柿小院”的名字。在老舍先生的作品里，我们也常常能够看到四合院的影子。如今，“丹柿小院”已成为老舍纪念馆。

北京市西城区护国寺街 9 号是京剧大师梅兰芳先生的故居。这座四合院闹中取静、典雅庄重，与梅先生淡泊名利的人生旨趣相得

益彰。1951 年到 1961 年，梅兰芳先生在这里居住，度过了人生的最后十年。晚年的梅先生坚持练功，潜心传艺，对待艺术一丝不苟。今天，这座故居也被建成了梅兰芳纪念馆。

梅兰芳纪念馆

本无生命的北京四合院因居住在这里的人们而充满灵性，建筑之美、艺术之美、人格之美有机融合，流淌在四合院的一砖一瓦、一草一木之间。

城中第一佳山水——恭王府

四合院的基本形制大体相似，但规模大小却有不同。规模较小的四合院一般呈“口”字形，称为一进院落；大的则由多个院落相连，向纵深延展。“日”字形的称为二进院落，“目”字形的称为三进院落，以此类推。说到北京大型四合院，就不得不提坐落在什刹海边的恭王府了。在建造之初，它足足有十三进之大呢！

“月牙河绕宅如龙蟠，西山远望如虎踞。”恭王府东傍前海，北依

后海，素有“城中第一佳山水”的美誉。它的占地面积将近 6 万平方米，是清代最大的一座王府，也是现今北京保存最为完整且唯一对社会开放的清代王府。它的前半部是富丽堂皇的府邸，由南向北分东中西三路，沿三条中轴线分布着格局规整、气势恢宏的四合院建筑群；后半部则是幽深秀丽的后花园，花木葱郁，山水环绕，亭台错落。恭王府兼具富贵宏伟与清新素雅，风景十分秀美。

到恭王府参观，一定要看看位于府邸和花园衔接处的后罩楼。它长达 180 多米，由 111 间房屋连成一排，被称为“99 间半房子”。后罩楼东部为瞻霁楼，西部为宝约楼。西端的 5 间房俗称“小迷宫”，两层楼之间去除楼板，将亭台楼阁和假山溪流等布置在房间里，营造出室内园林奇景。后罩楼和西洋门、大戏楼、“福”字碑一起，被人们称为恭王府的“三绝一宝”。

恭王府后罩楼

历史嬗变

四合院是我国历史悠久的民居建筑形式，考古学家曾在陕西岐山凤雏村周原遗址发现两进院落建筑遗迹，并推测早在西周时期就有四合院了。而北京四合院的历史，可以追溯到元代，并随着北京城建设而不断发展变化。

1267年，元世祖忽必烈决定建设元大都，并任命曾主持上都城修建的汉人刘秉忠担任负责人。刘秉忠按照《周礼·考工记》中关于都城建造的理想布局设计并建造了一座气势雄伟、美轮美奂的新城。元大都呈长方形，周长达30多千米，全城街道横平竖直，状如棋盘。元末熊梦祥所著的《析津志》记载："大街二十四步阔，小街十二步阔。三百八十四火巷，二十九衖通。""衖通"就是我们今天所说的胡同。胡同与胡同之间，即是方方正正的四合院住宅区，并且要求每个四合院占地8亩，大小固定。

到了明代，四合院的固定形制被打破，设计和建造更加灵活，样式、高度、屋脊、门户等都因地制宜。由于清初实行满汉分住，原来居住在内城里的汉民搬到外城，迁入内城的贵族、将领把原来的四合院改造一新，促进了四合院建造技艺的进一步发展。到清末民初，一些四合院，包括王府被拍卖、出售；有的四合院逐渐成为多家同住的大杂院。时至今日，许多保存完好的四合院已被列为文物保护单位，成为展示北京本地民居文化的重要窗口。

四合院建筑特色

古人建造房屋会充分考虑地形、日照、风向、水流、气候等环境因素，顺应自然、改造自然，使建筑环境与自然环境和谐共生，达到天人合一的境界。这种观念也被应用到北京四合院建筑上，让我们一起探索其中的奥妙。

当我们俯视四合院的形制和布局时，便不难发现，北京四合院的格局多为方方正正，北房、南座、东厢、西厢十分规整，这充分表现了古人天圆地方的观念。《周易·说卦》中提出："圣人南面而听天下，向明而治。"人们把传承千年的"南面"思想与日照、季风因素相结合，按照坐北朝南的方位修建四合院。院内的建筑物有主有次、尊卑有序，沿着中轴对称分布。在房屋的分配上，尊崇"长幼有序、内外有别"，居于上风水的正房正厅为长辈首选，东西厢房由晚辈居住。

除王府宅门开在南墙正中外，民宅大门大多都是在东南角修建，这是为什么呢？从实用的角度来看，宅门不设在中轴线上有利于保持院内环境的隐秘性；四合院的地势往往是西北高、东南低，东南开门正有利于排除积水。人们会在四合院大门两侧悬挂、张贴或者镌刻楹联，其中最常见的一副是"诗书传家久，忠厚继世长"，表达了人们对良好家风的重视。

四合院内外修建着各式各样的照壁和影壁，建于门外的叫作照壁，建于门内的叫作影壁。照壁和影壁不仅能够阻挡气流，还可以遮盖视野，增加院落的空间感，彰显出曲则有情的美感效果。人们往往会把照壁和影壁设计得非常别致，在上面雕琢松鹤延年、喜鹊登梅、麒麟送子等吉祥图案或"福"字等吉祥字样，寄托美好心愿。

此外，北京四合院中种植的植物也十分讲究。由于谐音的关系，桑树、梨树都不会被栽种，海棠、石榴、枣树、夹竹桃等寓意美好的植物则颇受青

睐。人们还会在院中饲养一些宠物，为四合院平添生气和情趣。清代有句俗语“天棚鱼缸石榴树，老爷小姐胖丫头”，正是描述当时四合院里一家人其乐融融的生活情形。

老师，除了北京，其他地区有四合院建筑吗？

有的。在东北、华北、中原、关中、江南、青藏高原等地区，我们都能看到四合院形制的民居建筑。受各地不同地理条件和地域文化影响，各地的四合院又多有不同。比如，东北地区气候寒冷、土地广阔，为获得更多阳光，院子往往建造得更为宽大。云南地区则流行着一种叫作“一颗印”的四合院式建筑。“一颗印”四面房屋紧凑，天井较小，屋墙很厚，适应了当地多风多雨、光照强烈、人口稠密、用地紧张的实际情况。可以说，不同地区的四合院各有其美，都是古代劳动人民适应环境、与自然和谐相处的生动体现，共同构成了我国丰富多彩的民居文化。

有人说“建筑是石头的书，是不用文字书写的历史”，不论是四合院建筑，还是四合院的传统营造技艺，都是体现中华文明的宝贵财富。

没错！北京四合院的营建运用木、瓦、石、砖等传统材料和北方传统匠作做法，工序复杂，工艺讲究，凝结着一代代匠人的智慧和心血，体现了北方民居的建造理念和技术水平，是研究民居建筑文化的重要实物。前些年，随着城市的迅猛发展，北京一些四合院没有得到很好的保护，木作、瓦作、彩画作等营造技艺也日渐式微。人们逐渐认识到这一问题的紧迫性，在多方共同努力下，2011 年 5 月 23 日，北京四合院传统营造技艺被列入第三批国家级非物质文化遗产代表性项目名录，四合院建筑及其营造技艺的保护、传承、发展揭开了新的篇章。

四合院体现了北京作为历史文化名城的古都风貌，又与其城市景观相融相合，共同塑造了平缓开阔、壮美有序、古今交融、庄重大气的城市形象。有时间我也要去参观一些有名的四合院，切身感受它们的美感与魅力！

叁 国瓷浴火

瓷器是中国人的伟大发明，它既是人们居家日用的生活必需品，又是一种具有审美价值的造型艺术。人们在长期的劳动实践中，逐渐积累经验，改进技术，精益求精，将制瓷工艺推向炉火纯青的高度。

瓷器是中国的一张亮丽名片，是中华文化的重要象征之一。瓷器在中外交流史上曾扮演重要角色，为人类文明做出了巨大贡献。

诵读文本

白瓷（节选）

［明］宋应星

凡造杯盘无有定形模式，以两手捧泥盔冒之上，旋盘使转。拇指剪去甲，按定泥底，就大指薄旋而上，即成一杯碗之形（初学者任从作废，破坯取泥再造）。功多业熟，即千万如出一范。凡盔冒上造小杯者，不必加泥；造中盘、大碗则增泥大其冒，使干燥而后受功。凡手指旋成坯后，覆转用盔冒一印，微晒留滋润，又一印，晒成极白干，入水一汶，漉上盔冒，过利刀二次（过刀时手脉微振，烧出即成雀口）。然后补整碎缺，就车上旋转打圈。圈后或画或书字，画后喷水数口，然后过釉。

…………

凡瓷器经画过釉之后，装入匣钵（装时手拿微重，后日烧出即成坳口，不复周正）。钵以粗泥造，其中一泥饼托一器，底空处以

译文

塑造杯盘，没有固定的模式，用双手捧泥放在陶车的盔帽上，旋转圆盘。用剪净指甲的拇指按住泥底，使瓷泥沿着拇指旋转向上展薄，便可把它塑造成杯碗的坯形（初学者塑不好就作废，需打破重新塑造）。功夫熟练的人，做千万个杯碗也好像是出自同一个模子。在盔帽上塑造小杯时，不必加泥；塑造中盘、大碗时，就要加泥扩大盔帽，等陶泥晾干后再加工。用手指在陶车上旋成泥坯后，把它翻过来罩在盔帽上印一下，晾晒一会儿还保持湿润时，再印一次，把它晒得极干而呈白色时，再蘸一次水，带水放在盔帽上，用利刀刮削两次（拿刀时手稍微颤动，烧出的瓷器就会有缺口）。然后补齐破损的地方，放在陶车上旋转。接着，在瓷坯上绘画或写字，喷上几口水，然后再上釉。

…………

瓷坯经过画彩和上釉后，装入匣钵（装时如果用力稍重，烧出的瓷器就会凹陷变形，不能再平正周全）。匣钵是用粗泥制作的，其中每一个泥饼托住一个瓷坯，底下空的部分用沙

诵读文本

沙实之。大器一匣装一个，小器十余共一匣钵。钵佳者装烧十余度，劣者一二次即坏。凡匣钵装器入窑，然后举火。其窑上空十二圆眼，名曰天窗。火以十二时辰为足。先发门火十个时，火力从下攻上，然后天窗掷柴烧两时，火力从上透下。器在火中其软如棉絮，以铁叉取一，以验火候之足。辨认真足，然后绝薪止火。共计一坯之力，过手七十二，方克成器，其中微细节目尚不能尽也。

又于韦处乞大邑瓷碗

［唐］杜甫

大邑烧瓷轻且坚，扣如哀玉锦城传。
君家白碗胜霜雪，急送茅斋也可怜。

秘色越器

［唐］陆龟蒙

九秋风露越窑开，夺得千峰翠色来。
好向中宵盛沆瀣，共嵇中散斗遗杯。

译文

子填实。一个匣钵只能装一个大件瓷坯，可以装十几个小件的瓷坯。好的匣钵可以装烧十几次，差的匣钵用一两次就坏了。把装满瓷坯的匣钵放入窑中，然后点火烧窑。窑顶有十二个圆孔，叫作天窗。烧二十四小时火候就足了。先从窑门点火烧二十小时，火力从下向上攻，然后从天窗丢进柴火入窑烧四个小时，火力从上往下透。瓷器在高温烈火中软得会像棉絮一样，用铁叉取出一个来检验火候是否已经足够。辨认火候已足，就应该停火了。造一个瓷坯要经过七十二道工序才能成为瓷器，其中许多细节还没有详尽叙述呢。

大邑烧制的瓷器又轻巧又坚实，扣打它如同敲玉，哀婉的声音传遍了锦官城。您家的瓷碗这么可爱，比霜雪还洁白，我想赶紧拿去我的茅屋把玩欣赏。

在九月深秋带着露水的晨风中，打开了越窑的门，青翠的越窑瓷器堆叠，如同覆盖绿树的座座山峰。如果器口朝上摆放，到夜半时就会盛载一些露水，好像嵇康留下的斗酒杯子。

哥窑和弟窑

传说宋代时，在浙江龙泉市城南有一个大窑村，此地出产一种细腻洁白、纯净如雪的优质瓷土，还居住着一位技术精湛的瓷匠章有福。章有福去世后，他的两个儿子章生一、章生二子承父业，开起了各自的窑厂，分别被叫作哥窑和弟窑。

当时大多数工匠选用白色胎土制胎，哥哥章生一却另辟蹊径，大胆使用黑色胎土。他烧出的瓷器口呈淡紫、足呈铁红，别有一股刚健之美，在市场上一售即空，很受欢迎。

见此情形，弟弟章生二十分嫉妒。某天，他偷偷溜到哥哥的窑厂，将一把草木灰掺入釉料里。毫不知情的哥哥把被动了手脚的釉料施到坯上，烧出了布满大大小小裂纹的瓷器。哥哥又气又急，他随手把一碗茶水泼到了废掉的瓷器上，没想到渗入茶水的裂纹竟然变成了棕色线条。他灵机一动，又找了一些墨汁涂在上面做试验。瓷器釉面形状如鳞，深浅交错的线条反倒更能衬托出青瓷的素雅，有种天成之趣。哥哥便以此为基础，反复调整火候和釉料配比，研制出了独树一帜的哥窑开片瓷器。

看到哥哥再次获得成功，弟弟羞愧不已。从此，他也沉下心来研究烧制工艺，造出了胎骨厚实、釉层饱满、色泽葱翠的佳品。

宋代哥窑鱼耳炉

虽然目前学术界对哥窑、弟窑存在

与否、窑址位置意见不一，但我们可以通过这个传说，切实感受到古代制瓷匠人勤奋钻研、善于应变、勇于创新的精神。

景德镇与青花瓷

景德镇位于江西省东北部，是享誉中外的著名瓷器产地。在宋代以前，景德镇曾叫新平、昌南镇。那么，它为什么更名为景德镇呢？原来，“景德”是北宋真宗的年号，真宗皇帝非常喜欢这里生产的瓷器，便下令在这些御制瓷器的底部写上“景德年制”四字。景德镇便因此得名，并沿用至今。

景德镇拥有得天独厚的自然资源、世代传习的优良工艺，历经元、明、清三代，逐渐发展为我国制瓷业的中心。集古今名窑之大成，汇南北技艺之精华，景德镇瓷器熔工艺、书法、绘画、雕塑、诗词于一炉。青花瓷、粉彩瓷、玲珑瓷、色釉瓷合称“景德镇四大传统名瓷”，其中要数青花瓷最为有名。

青花瓷始于元代而鼎盛于明代，是一种装饰色位于釉层之下的釉下彩瓷器。匠人们借鉴国画中勾描、渲染等手法，先用着色剂在瓷坯上作画，再施一层无色透明釉，而后把瓷坯放入窑中，经高温一次烧

成。青花瓷的主要着色剂是氧化钴，景德镇采用的天然钴土中还含有少量的氧化锰、氧化铁。得益于各种元素的自然配比，青花瓷的颜色蓝中泛绿，有时也会闪现出金属的光泽，幽静而不呆滞，灵动而富于层次。烧好的青花瓷晶莹素淡、明快清新，颇有中国传统水墨画的神韵。而且，青花瓷不易磨损和变色，经久耐用。

景德镇瓷器不仅畅销全国，也流传到世界各地。今天的景德镇依然是我国重要的瓷器产地。如果感兴趣，你可以到景德镇参观学习，走进这座立体的制瓷工艺博物馆，感受生生不息的匠心艺脉。

制瓷历史

我国古代工匠在陶器的基础上发明了瓷器。根据考古学家的发现，早在 6 000 多年前的新石器时代，古人就使用黏土和泥捏塑成陶胎，在 500~600 ℃的低温下烧出了陶器。 商代时人们造出了用瓷土做原料、经 1 000 ℃以上高温烧造的白陶和硬陶，后来又发明了表面施釉的原始青瓷器。到东汉时期，终于烧制出成熟的青瓷器。

春秋时期的原始青瓷簋

经过三国、两晋、南北朝和隋代的积累，制瓷工艺在唐代迎来了一次飞跃。北方邢窑生产的白瓷“类银类雪”，南方越窑生产的青瓷“类玉类冰”，形成了“北白南青”两大窑系。当时的工匠还创造了刻花、划花、印花、透雕、镂孔等装饰手段，瓷器造型更加精美。晚唐时期出现了一种胎质细腻、釉层似玉、清碧如水的秘色瓷。“巧剜明月染春水，轻旋薄冰盛绿云。”（五代徐夤《贡余秘色茶盏》）诗人曾用如此美妙的诗句形容这种别具一格的瓷器珍品。

五代十国时期，制瓷工艺继续发展。位于河南的柴窑是后周皇帝烧制瓷器的官窑，是中国历代唯一以君主姓氏命名的瓷窑。传说柴窑生产瓷器“青如天，明如镜，薄如纸，声如磬”，古人用“柴窑片瓦值千金”形容柴窑瓷器的珍贵。

宋代被公认为中国制瓷工艺的第一个高峰，百花齐放，名窑叠出，汝窑、官窑、哥窑、钧窑和定窑并称为宋代五大名窑。宋代瓷器形考究、格调素雅，展现出一种与当时文化氛围相应和的内敛之美和超然意趣。

清代粉彩八仙人物图瓶

青花及釉里红瓷器创制于元代，这标志着中国制瓷工艺进入了彩瓷时代。明清时期，釉的种类、色彩都进一步丰富，颜色釉瓷与彩瓷很受欢迎。到清代的康乾时期，中国古代制瓷工艺达到了又一个高峰。

制瓷工艺

我国传统的瓷器生产工艺特别精细、高超，正如《天工开物》中所述："共计一坯之力，过手七十二，方克成器，其中微细节目尚不能尽也。"而每道工序又包括多项复杂的操作，一丝一毫的失误都会影响产品质量。一块毫不起眼的泥巴是如何在工匠的通力合作下脱胎换骨，化作瓷器的呢？让我们从中选取一些重要的工序，一探究竟。

选料：人们最早使用高岭土作为胎体原料，大约自东汉开始，人们普遍使用瓷石作为原料。瓷石是一种由硅酸盐、石英、云母组成的混合矿物。元代时，人们将高岭土与瓷石混合使用，沿用至今。制瓷前，要先把块状的瓷石粉碎，与高岭土一同搅拌成乳液，再经过滤、陈腐、踩泥等工序使其均匀。这样，制坯的原料就准备好了。

制坯：最初，人们用手捏塑造和模具压制的方法制造瓷坯，后来发明了半手工半机械的轮式拉坯方法，一直沿用到近代。在飞旋的陶车上，先把泥团摔搭在车盘中心，双手蘸水将泥团包紧，缓缓向上捧起再向下压，手随泥转，泥随手变，反复多次之后，杯、盘、瓶、碗等器皿的瓷坯就做好了。

上釉：釉是一种包含石英、长石等硅酸盐的混合物。人们利用高温使其熔化，再使用浸釉、浇釉、吹釉、荡釉等方法，把它附着于瓷坯表面，形成玻璃状釉层。薄薄的釉层不仅可以使瓷器具有较强的热稳定性、化学稳定性和抗水性，也会令瓷器变得色泽明亮、光彩夺目。

烧造：高温烧造是技术含量最高的一道工序，瓷器釉层的颜色、光泽等都与烧造的温度和气体氛围密切相关。

老师，您说瓷器在中外交流史上曾扮演重要角色，我想请您具体介绍一下。

好的！我国素有“瓷国”的美誉，远在唐代，瓷器就和茶叶、丝绸等一起大量行销海外了。瓷器易碎且较重，所以主要由海上运输，这也促进了海上丝绸之路的发展。一件件精美、实用的瓷器让异国的人们更好地认识了中国、了解了中国。后来，中国先进的造瓷技术也传到国外，为世界科技的进步做出了不可磨灭的贡献。2009 年，我国龙泉青瓷传统烧制技艺被列入联合国人类非物质文化遗产代表作名录，成为全球迄今唯一入选的陶瓷类项目。

制瓷工艺既是中国的，也是世界的，是全人类共同的财富。请您介绍一位杰出的当代制瓷工匠。

我向你介绍陶艺大师朱立文。汝瓷起源于北宋，因产于河南汝州而得名，位居当时的五大名窑之首。汝窑烧造的天青釉瓷“似玉非玉而胜似玉”，莹润纯净，清秀光洁，被誉为“宋瓷之冠”。很可惜，汝窑只存在 20 年就消失了。800 多年来，人们不断尝试破解汝瓷奥妙，但都没有仿制成功。自 1976 年以来，朱立文专门从事汝瓷研制工作，他通过查阅资料、实地考察以及上千次反复试验，终于成功烧制了天青釉瓷，并且发掘了汝官窑、北宋官窑等古窑遗址。朱立文获得多项荣誉并被评为国

家级非物质文化遗产代表性项目代表性传承人，但他不骄不躁，不忘从业初心，坚守着淡泊宁静的工匠精神。

朱立文

朱立文的作品——玉壶春瓶

朱立文不愧是大国工匠，令人肃然起敬！我们一定会以大师为榜样，不仅要保护现存的古代瓷器和瓷窑等物质遗产，也要继承前人的工艺手法，更要传承古代制瓷匠人潜心钻研、求真探索的精神，让流淌千年的匠心智慧绽放出新的生命与活力！

肆

经纬织霓

丝绸是蚕丝经加工后分成经线和纬线，按一定规律交织形成的片状物。丝绸织造工艺是我国古代劳动人民的伟大发明，早在5 000多年前，生活在黄河流域和长江流域的先民们就已经开始育蚕取丝。在漫长的岁月长河中，人们不断探索栽桑、养蚕、缫丝、织绸等技艺，创造了各种精妙的纺织用具，生产出绚丽多彩、巧夺天工的丝绸制品。

丝绸既满足着人们的着装需求，也凝聚着中华民族的价值观念和审美追求。在古代，中国的丝绸通过著名的丝绸之路流传到西方，成为中外文明交流的重要载体，对推动人类文明发展产生了深远影响。

诵读文本

红线毯

［唐］白居易

择茧缫丝清水煮，拣丝练线红蓝染。
染为红线红于蓝，织作披香殿上毯。
披香殿广十丈余，红线织成可殿铺。
彩丝茸茸香拂拂，线软花虚不胜物。
美人踏上歌舞来，罗袜绣鞋随步没。
太原毯涩毳缕硬，蜀都褥薄锦花冷；
不如此毯温且柔，年年十月来宣州。
宣城太守加样织，自谓为臣能竭力。
百夫同担进宫中，线厚丝多卷不得。
宣城太守知不知，一丈毯，千两丝。
地不知寒人要暖，少夺人衣作地衣。

译文

制造红线毯要选择上等蚕茧，用清水煮，以便抽丝。选择上等蚕丝漂练洗净，再用红蓝染色。染成的丝线比花还红艳，织成的毛毯被铺在披香殿地上当作地毯。披香殿有十丈多宽，这些红线毯正好铺满宫殿地面。彩丝毛茸茸飘散着香气，丝线织成的花纹柔软地承担不起重量。美人们在上面踩踏歌舞，罗袜和绣鞋都陷在地毯里。太原产的毛毯又涩又硬，四川织的锦花褥又薄又冷，都不如红线毯又温暖又柔软。于是每年十月都要求宣州上贡红线毯。宣州太守命令工人制作出新的花样，自认为作为臣子能够竭尽全力。毯子线厚丝多不好卷送，需要一百个民夫抬进宫中。宣州太守你知不知道，一丈丝毯要耗费千两丝线。地不怕冷，人却需要保暖。不要再夺走织衣用的丝线去织地毯了！

浪淘沙

［唐］刘禹锡

濯锦江边两岸花，春风吹浪正淘沙。
女郎剪下鸳鸯锦，将向中流疋晚霞。

濯锦江两岸开满了鲜花，春风吹拂着水面，波浪冲刷着沙砾。女郎剪下一段鸳鸯锦，把它投到江中，和晚霞相映生辉。

诵读文本

缫丝行

[宋]范成大

小麦青青大麦黄，原头日出天色凉。
妇姑相呼有忙事，舍后煮茧门前香。
缫车嘈嘈似风雨，茧厚丝长无断缕。
今年那暇织绢著，明日西门卖丝去。

译文

小麦青绿大麦已经黄熟，太阳从原野上升起，天气清朗凉爽。婆媳互相呼唤，说有许多事要忙，煮茧的香气从屋后传到门前。旋转的缫车发出风雨般的声响，蚕茧结得厚，抽出的丝绵长不断。今年哪有闲暇用这些丝织绸绢，明天就要到城西门把丝卖掉。

蜀锦

丝绸起源的传说

中华民族男耕女织的生产模式由来已久。关于丝绸的发明，有一个动人的传说。在远古时代，黄帝战胜蚩尤后，被推选为部落联盟首领，他带领百姓制造生产工具，进行农耕活动。而他的正妃嫘祖专门负责带领妇女用树皮、兽皮等材料制作衣服，深受人们尊敬和爱戴。

有一天，嫘祖因为生病而食欲不振。于是，她身边的几个女子悄悄来到山里，想帮嫘祖找些新鲜的野果开胃。她们翻山越岭，寻觅了很久也没有找到。直到日暮时分，她们才发现一片树林，树林内的每棵树上都挂满了白色小果。由于天色已晚，她们也没顾得上尝一尝，就急忙采摘了一些果子，下山送给了嫘祖。这时，她们才发现这种白色小果很难咬动，什么味道都没有，大家面面相觑，都不知道这到底是什么果子。

嫘祖仔细询问这种果子原来长在什么样的树上，是从哪座山摘来的。为了一探究竟，嫘祖亲自来到山上，到树林里观察了好几天。功夫不负有心人，她终于发现这白色小果并不是植物，而是由一种爱吃桑叶的虫子吐的丝缠绕而成的。这种丝又细又长，连绵不断，柔韧性非常好。嫘祖称这种树为桑，这种虫为蚕，称蚕丝织出来的布为绸。在嫘祖的倡导下，人们不仅学会了种桑养蚕、抽丝织绸，还做出了许多既轻盈又舒适的衣服。后人尊称嫘祖为“先蚕娘娘”，以纪念她对丝织工艺做出的重大贡献。

虽然这个故事只是传说，我们却可以了解到古代劳动人民在生产实践中与大自然不断接触，才逐步揭开自然界的奥秘，掌握并利用其中的规律，创造了更多美好的事物。这种仔细观察、用心揣摩、勇敢尝试的精神非常值得我们学习。

丝绸之路

丝绸织造工艺起源于中国，在很长历史时期内，我国是唯一能够生产丝织品的国家。那么，我们不禁要问，蚕桑及丝织工艺是如何辗转流传到世界各地的呢？说到这里，就要提到历史悠久的丝绸之路了。

丝绸之路是古代贯通东西方的商路。早在战国时期，丝绸便经由我国陆路向西流传，不过规模并不大。西汉时，张骞两次出使西域，霍去病两次大败匈奴贵族，保证了丝绸之路的畅通。东汉班超赴西域，巩固了东汉在西域的统治，保护了丝绸之路的通行安全。这条路线以长安（今西安）为起点，经河西走廊，西抵大秦（即罗马帝国），绵延七千多公里。按照古代的交通工具运行能力推算，需要耗时 4 年之久才能走完单程。

与此同时，汉武帝派人带着大批黄金和丝绸，以南海为中心，向东南亚、南亚等地航行。这样，连接中外的海上通道也打通了。不过这两条路线一直没有统一的名称，“丝绸之路”这一名称是德国地理学家李希霍芬在 1877 年首次提出的。

丝绸之路

丝绸之路不仅是一条交通、贸易通道，更是文化、科技通道。丝织、冶铁、造纸等技术传向中亚、西亚和欧洲，而那里的葡萄、核桃、石榴等食物以及狮子、犀牛、良马等动物也源源不断地传入中国。遥想当年的漫漫丝路，我们仿佛可以听到驼铃悠悠，看到驼队往来穿梭。时至今日，丝绸之路依然名闻遐迩，人们正在用新的方式续写着它的传奇与辉煌。

丝织历史

古代人们的衣着原料主要来自葛、麻纤维和蚕丝，所以纺织生产被称为"桑麻"。早在新石器时代，我国就出现了原始的纺织技术，人们开始在室内饲养家蚕，丝及丝绸的品种不断丰富，产量、质量都不断提升。到西周时期，丝织品已有帛、素、练、纱、绢等多个品种，人们也已懂得利用矿物和植物颜料染色。春秋战国时期，聪明的匠人还发明了手摇缫车和脚踏缫车。《诗经》里有许多与蚕桑活动有关的诗歌，孟子曾经向梁惠王建议"五亩之宅，树之以桑"，当时丝织活动的普及和受重视程度由此可见一斑。

秦汉时期丝织工艺进一步发展。汉代政府十分重视蚕桑丝织，专门设置了蚕官令丞作为管理机构。在长沙马王堆汉墓出土的大量纺织品中，有一件薄如蝉翼的素纱禅衣，细韧透明，仅 49 克，足见当时丝织技艺之高超。

素纱禅衣

经过漫长岁月的积累，到唐代，我国已经拥有极强的丝绸生产力。唐代丝绸品种繁多，达到前所未有的程度。受当时文化环境的影响，唐代丝绸也融会了南亚、中东以及波斯的一些风格，繁华富丽、流动飘逸、印染精致。白居易曾在《缭绫》一诗中对当时织绫技术做了详尽描绘："中有文章又奇绝，地铺白烟花簇雪……织为云外秋雁行，染作江南春水色。"这种绫质地如瀑布清泉，色彩和纹饰相互掩映，精美绝伦。

到宋代，丝织工艺出现了明显的商品化趋势，蚕丝生产与织绸生产开始分工，丝绸店铺林立，我国丝织中心由北向南迁徙。缂丝技术在宋代取得了新的突破，江南地区涌现出一大批著名的从事缂丝生产的能工巧匠，他们用娴熟的手法纺织唐宋名画，创作了许多富有艺术欣赏价值的缂丝佳品。其中，朱克柔的《莲塘乳鸭图》最为精美，堪称传世珍品。

缂丝《莲塘乳鸭图》

明清两代丝绸业进一步繁荣发展，以江宁（今南京）、苏州、杭州这"江南三织造"生产的贡品技艺最高。这一时期，蚕桑丝织尽管受到了棉花纺织的冲击，但是杭、嘉、湖一带的蚕桑生产仍比较发达，工艺技术和纹样风格都有开拓和创新。

丝织工序

2 000 多年前，当华丽夺目的丝绸传入欧洲时，西方人惊叹不已，人们无论如何也猜不出它到底是如何制造的。其实，丝织工艺非常复杂，必须栽桑、养蚕，经过缫丝、丝织、漂练、印染等多道工序，只有一丝不苟地把握好每一个细节，才能织造出完美的丝绸。

养蚕：丝绸的原料是蚕丝。一只蚕要经过卵、幼虫、蛹、成虫四个发育阶段。在幼虫期，蚕要吃很多桑叶，经体内各种酶的催化，一部分转化为身体所需的能量，一部分则转化为组成蚕丝蛋白的各种氨基酸，再被输送到绢丝腺中。绢丝腺分泌的液体遇空气凝结，就变成了蚕丝。蚕会用吐出的丝把自己层层缠绕，这一过程叫作结茧。

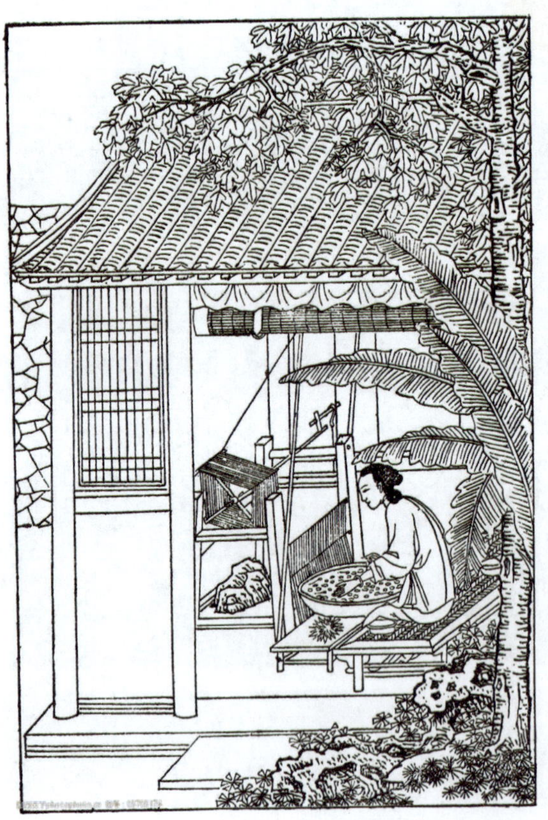
《天工开物》插图

缫丝：首先把蚕茧浸在热水中，溶去部分丝胶，使茧壳外围疏松膨润。再找出煮熟的茧的绪丝，根据织造产品的规格、纤度要求，利用一些工具，迅速抽出丝来，并把数根茧丝并合，这样便得到了生丝。要得到一条粗细均匀的生丝很不容易，配茧制丝时要把握好茧丝的粗细搭配、紧密程度、添绪接绪等，十分考验工匠的技巧。

丝织：一般的丝织物，均

由两组相互垂直的丝线在织机上交织而成，其中沿织物纵向排列的称为经丝，沿织物横向排列的称为纬丝。经丝、纬丝按照不同的形式交织，便会形成不同种类、纹样的丝绸。蚕丝既可以在织成织物后脱胶染色，也可以先脱胶染色再进行织造，前者称为生织，后者称为熟织。

漂练：如果想让织出的丝绸变得柔美，就要进行漂练，即用加入脱胶剂的水，洗掉蚕丝表层的丝胶。早在西周时，我国人民便掌握了漂练丝绸的技艺。唐代画家张萱所作的《捣练图》就生动描绘了古代妇女漂练丝绸的情景。

印染：经过漂练的丝绸还只是白色的，要使其变得色泽华丽，就要进行印染处理。早在周代，人们便懂得用植物的草、花、果实、根等材料作为颜料。古代丝织艺人还发明了夹版彩印、扎染、蜡染、套染等技术，丝绸制品的色彩变得更加绚丽，为人们设计出更多美丽的服饰奠定了基础。

《蚕织图》（南宋）

老师，我国素有“丝国”的美誉，丝绸制品有很多种类，我想请您具体介绍其中具有代表性的一种。

根据织物组织、经纬线组合、加工工艺和绸面表现形状，迄今为止，我国丝绸制品大致可分为十四大类：绫、罗、绸、缎、锦、纱、绡、绢、绉、绮、纺、绒、葛、呢。这些都是历代丝织艺人的智慧结晶。其中，要数锦结构复杂、花色繁复、织造难度大。它是以精练染色的彩色丝线或金银线做线，采用两组或两组以上的经线或纬线，以多重或多层组织织成的质地厚实的、外观丰富的提花丝织物。《释名》中曾记载：“锦，金也。作之用功重，其价如金，故其制字从帛与金也。”织锦技术代表了我国丝织工艺的最高水平。我们也常常会说“锦心绣口”“锦绣前程”“锦衣玉食”这些词语，可见织锦工艺的文化影响。蜀锦、宋锦、云锦、壮锦被人们称为中国四大名锦。2009 年，中国传统桑蚕丝织技艺、南京云锦织造技艺均被列入联合国教科文组织人类非物质文化遗产代表作名录。

云锦

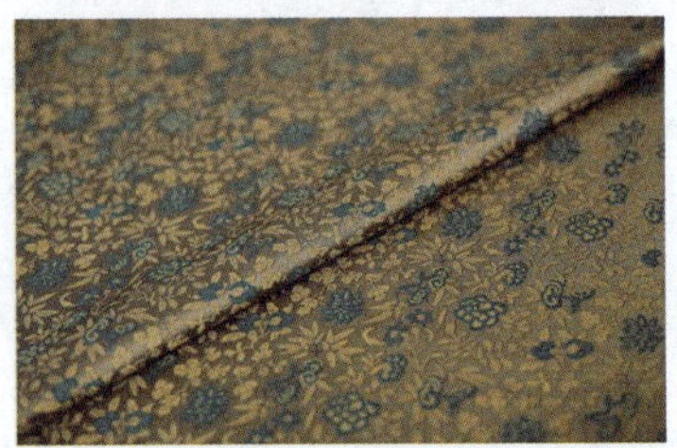

宋锦

壮锦

丝织工艺是我们宝贵的文化遗产，除了服饰方面，请问它还有什么其他应用呢?

丝织品柔韧而富有弹性，在生活中，鱼竿用的线、飞机降落伞等，都是采用或借鉴丝织技术制作而成的。特别值得一提的是，丝织工艺也在医药卫生领域中发挥了独特的作用。例如，丝线被应用于外科手术的缝合术；我国丝织专家和科学家还利用丝织技术发明了人造血管。可以说，丝织工艺与现代科技相结合，呈现出智能化、信息化等特征，现实功用不断扩大。

精益求精、交流融合、与时俱进、守正创新……这都是我们从丝织工艺中体会到的工匠精神。我们要发扬博大精深的丝织工艺，让流传千年的文化遗产继续福泽后世，绽放出新的生命活力!

处世之道

壹

正心诚意

正心、诚意是儒家思想中的两个重要概念，出自《礼记 · 大学》。正心是指除去各种干扰情绪，不为物欲所蒙蔽，保持内心的端正，不存邪念；诚意的本义是指意念诚实、不自欺，强调“慎独”，后来又引申出与人相处真心实意、诚恳向学等多种含义。正心、诚意被儒学者视为磨炼心性、提高修养的重要途径，宋明理学家将两者与格物、致知、修身、齐家、治国、平天下并称为“八条目”，即达到“至善”境界的八个必经步骤。

诵读文本

古之欲明明德于天下者，先治其国；欲治其国者，先齐其家；欲齐其家者，先修其身；欲修其身者，先正其心；欲正其心者，先诚其意。

——节选自《大学·第一章》

译文

古代那些想要将高尚的德行弘扬于天下的人，先要治理好自己的国家；想要治理好自己的国家，先要管理好自己的家庭；想要管理好自己的家庭，先要修养自身的品性；想要修养自身的品性，先要端正自己的内心；想要端正自己的内心，先要使自己的意念真诚。

诵读文本

所谓诚其意者，毋自欺也。如恶恶臭，如好好色，此之谓自谦。故君子必慎其独也。小人闲居为不善，无所不至，见君子而后厌然，掩其不善，而著其善。人之视己，如见其肺肝然，则何益矣。此谓诚于中，形于外，故君子必慎其独也。曾子曰："十目所视，十手所指，其严乎！"富润屋，德润身，心广体胖。故君子必诚其意。

——节选自《大学·第七章》

译文

所谓使自己的意念真诚，就是不要欺骗自己。就像厌恶难闻的气味一样，像喜爱美丽的容颜一样（都发自内心的真情实感），这就是我们所说的自足惬意。因此，君子在独处时也一定要谨慎。小人平日里作恶，坏事做尽，遇见君子就躲躲闪闪，掩饰自己的恶行，而炫耀自己的伪善。可别人看他，就像看到了他的心肺肝脏一样透彻，那么掩盖又有什么好处呢？这就是说内心的真实意念会表现在外，因此，君子在独处时也一定要谨慎。曾子说："（独处时也要像）有许多眼睛看着你，许多手指着你那样，这是多么严厉啊！"财富能润饰房屋，美德能润饰自身，心胸宽广能使身体安适舒泰。因此，君子一定要使自己的意念真诚。

诵读文本

所谓修身在正其心者，身有所忿懥，则不得其正；有所恐惧，则不得其正；有所好乐，则不得其正；有所忧患，则不得其正。心不在焉，视而不见，听而不闻，食而不知其味。此谓修身在正其心。

——节选自《大学·第八章》

译文

所谓修身要先端正自己的内心，是因为心有愤怒，就不能端正；心有恐惧，就不能端正；心有偏好，就不能端正；心有忧虑，就不能端正。如果心不在这里（所做的事情上），就会看了如同没看到，听了如同没听到，吃东西不知道食物的滋味。这就是说，修身必须要先端正自己的内心。

诵读文本

将一门技术掌握到炉火纯青绝非易事，但工匠精神的内涵远不限于此。有人说，“没有一流的心性，就没有一流的技术”。的确，倘若没有发自肺腑、专心如一的热爱，怎有废寝忘食、尽心竭力的付出？没有臻于至善、超今冠古的追求，怎有出类拔萃、巧夺天工的卓越？没有冰心一片、物我两忘的境界，怎有雷打不动、脚踏实地的淡定？工匠精神中所深藏的，有格物致知、正心诚意的生命哲学，也有技进乎道、超然达观的人生信念。从赞叹工匠继而推崇工匠精神，见证社会对浮躁风气、短视心态的自我疗治，对美好器物、超凡品质的主动探寻。我们不必人人成为工匠，却可以人人成为工匠精神的践行者。

——节选自《以工匠精神雕琢时代品质》

存心有天知

“存心有天知”的意思是：起心动念，上天都会知道，所以做事不能违背良心，不能见利忘义。中药行业著名的老字号同仁堂，历经三百多年长盛不衰，至今已发展成为中药企业的杰出代表，正得益于始终恪守这一理念。

同仁堂有一种名为紫雪的祖传中成药，被视为镇店之宝。一则由于这种药对治疗高热烦躁、神志不清、抽搐等病症疗效显著；二则因为紫雪的配方很独特，不仅有沉香、元参等名贵的细料，还需用百两黄金入药，十分珍贵。

据说，八国联军侵占北京时，同仁堂用于制作紫雪的几百两黄金在战乱中不翼而飞。当家老夫人许氏心急如焚，一位药工见状小心翼翼地说：“我以前在别的药铺做工，认识许多老药工，他们也制作紫雪，但压根儿不用金子。既然金子丢了，咱也不用了吧，反正也没人知道。”许氏一听，正色道：“你难道忘记同仁堂的祖训了吗？那样做是想让我砸了同仁堂的招牌吗？”药工慌忙连声道

歉："没忘！没忘！'炮制虽繁必不敢省人工，品味虽贵必不敢减物力。'老夫人，我错了！我不该想着偷工减料。"许氏听罢，脸色稍缓，既而语重心长地嘱咐说："还有一句也要记牢，'修合无人见，存心有天知。'紫雪是同仁堂的名药，正是因为制作时不敢省人工，不敢减物力，修合必求工，品味必求正，才蜚声天下。如果因没人知道就违背古法，偷工减料，那还能保证药效吗？那样岂不是欺神灵，骗鬼神，辱没祖宗，有负天下人吗？"

此后，许夫人召集全家女眷，详述事情缘由。女眷听罢纷纷摘除耳环、取下项链、卸掉镯子，捐献各种金饰；丫鬟们见状也拿出了自己的金饰，放在堂中的案桌上。阖府上下齐心协力，终于凑足了黄金，使同仁堂得以按照祖传的配方制作出了真正的紫雪。

杨露禅诚心学太极

杨露禅是晚清时期的武学大师，杨氏太极拳的创始人，被时人誉为"杨无敌"。他武艺精绝、武德高尚，毕生谦逊好学、自强坚毅，成名后仍孜孜不倦、淡泊自守，民间至今流传着他"三下陈家沟学艺"的故事。

据说，杨露禅自幼好武，立志要成为名扬四海的武林高手。少年时，他偶然得知河南陈家沟有一种厉害的拳术叫太极拳，于是毅然前往陈家沟学艺。然而，陈氏太极掌门人陈长兴以“家传拳学不外传”为由，拒收杨露禅为徒。遭此冷遇的杨露禅并没有灰心，而是主动留在陈长兴家当帮佣，每天做很多繁重的体力活儿，练就了一副强健的筋骨。不久，陈长兴开始留意这位勤奋、执着的少年，但又担心他立志不坚。为了考验杨露禅，陈长兴经常故意以傲慢无礼的态度对待他，杨露禅却毫无怨色，愈加恭敬。春去秋来，寒来暑往，转眼几年过去了，陈长兴终于被杨露禅的诚意打动，将其收入门下。此后，杨露禅在师父的指导下苦学太极，六年后成为一名出色的青年拳师。

学成之后，杨露禅回到了家乡直隶广平府。不久，一位青年武师闻讯前来挑战，杨露禅颇为自信，欣然应战。然而，几个回合下来，杨露禅败阵，他羞愤交集，深感自己学艺不精，当即决定再次前往陈家沟学艺。此后，杨露禅更加发奋练功，发誓要一雪前耻。六年后，他再次回到家乡，当地一名太极高手向杨露禅约战，两人经过鏖战，打成平手。杨露禅反思战况，认为自己仍未学到太极的精髓，于是第三次回到了陈家沟。

杨露禅见到师父后痛诉过往遭遇，师父耐心地开导他说，太极讲究“身法”与“心法”的结合，身法可以通过师父的指导习得，而心法则需自己静心体悟。杨露禅听后，陷入沉思。此后，他抛却功利心、戒骄戒躁、修身养性、专心向学，终于领悟到太极拳的精髓不仅在于技巧层面的学习，还应注重个人品德、心性、胸襟、学识等方面的修炼。此后，杨露禅的武学修为日益精进，开创了杨氏太极一派，终成一代宗师。

“诚者，天之道也；诚之者，人之道也。”

——《中庸·第二十章》

这句话的意思是：诚实是天道法则，做到诚实是做人的法则。这句话告诉世人，诚实是做人做事的根本要求。

“古之所谓正心而诚意者，将以有为也。”

—— 韩愈

这句话出自唐代文学家、思想家韩愈的《原道》，意思是：古人说正心诚意，是为了要有所作为，而不是只讲个人修身养性却没有责任感。它同时也告诉我们，想要有所作为，一定要正心诚意。

"不以一毫私意自蔽，不以一毫私欲自累。"

——朱熹

这句话出自南宋哲学家、思想家朱熹的《四书章句集注》，意思是：人不能因为一点儿私心而蒙蔽自己，处事不公；不能因为一点儿私欲而束缚、牵累自己。这句话提醒我们要懂得约束自己的私心、私欲，为人处世应意念真诚、内心坦荡，不欺人、不自欺。

谈古论今

老师，《大学》中的"诚意"和我们现在常说的"诚意"是同一个意思吗？

不完全相同。《大学》中"诚意"一词的"意"是指发自内心的最自然、最真实的念头，"诚意"的本义是指真诚地对待自己的这种最本初的念头，不欺骗自己；我们现在常说的"诚意"一词，多是用"诚意"的引申义，指对待他人的诚恳之意，强调不欺骗他人，一般用于指人与人之间相处的诚恳态度。

我觉得“正心诚意”对我们当下的学习、生活会有所帮助。

你说得对。我们现在常说的“正心诚意”的含义已经远远超出了其本义，包含了专注、坚毅、精益、执着、淡然、真诚的品质，对我们提高修养、磨炼心性、为人处世、学习技能等方面都有积极的启示作用。就学习技能而言，这些品质与我们提倡的“工匠精神”是相通的：专注能成就卓越，坚毅能创造奇迹，精益能打磨出精品，执着能攻克技术难题，淡然能超脱功利，真诚能赢得尊重。

老师，能请您列举些事例吗？

好的。许多当代工匠都是正心诚意的楷模。“航空手艺人”胡双钱，创造了打磨过的零件百分之百合格的惊人纪录；“捞纸大师”周东红，30年来始终保持着宣纸成品率百分之百的纪录；“錾刻大师”孟剑锋，经过百万次的精雕细琢，雕刻出了令人叹为观止的国礼“银丝巾”；“国宝焊工”张冬伟，攻克了国际公认的最先进、最难的

LNG 船焊接技术；“发动机焊接第一人”高凤林，放弃多家企业的优厚待遇，毅然选择为国奉献。这些大国工匠们以专注、执着、精益、真诚的品格，用高超的技艺铸造中国梦，为国家的发展做出了杰出的贡献。他们的事迹令人钦佩，他们的精神值得我们学习。

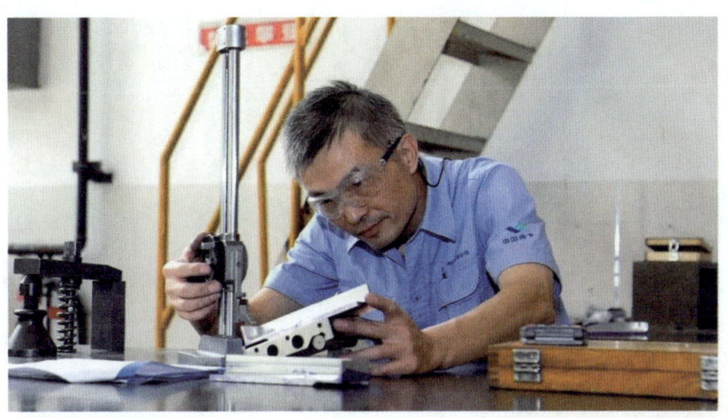

胡双钱

淡泊宁静

“非淡泊无以明志，非宁静无以致远。”中华传统文化推崇淡泊宁静的心态。淡泊宁静是一种情怀和担当，是一种执着和信念。在追求事业的过程中，我们必须耐得住孤独和寂寞，不为名利牵绊，不为毁誉烦恼，敬业乐业，守志不移，用纯粹之心营造沉静如水的精神家园，不断完善充实自己的人生。

诵读文本

士君子之所能不能为：君子能为可贵，不能使人必贵己；能为可信，不能使人必信己；能为可用，不能使人必用己。故君子耻不修，不耻见污；耻不信，不耻不见信；耻不能，不耻不见用。是以不诱于誉，不恐于诽，率道而行，端然正己，不为物倾侧，夫是之谓诚君子。《诗》云："温温恭人，维德之基。"此之谓也。

——节选自《荀子·非十二子》

夫君子之行，静以修身，俭以养德。非淡泊无以明志，非宁静无以致远。夫学须静也，才须学也，非学无以广才，非志无以成学。慆慢则不能励精，险躁则不能冶性。年与时驰，意与日去，遂成枯落，多不接世，悲守穷庐，将复何及！

——节选自诸葛亮《诫子书》

译文

士君子所能做和不能做的是：君子能够做到值得尊重，但不能使人一定尊重自己；能够做到值得信任，但不能使人一定信任自己；能够做到值得被任用，但不能使人一定任用自己。所以君子以品行不好为羞耻，不以被人污辱为耻；以不讲信用为羞耻，不以不被信任为耻；以没有才能为羞耻，不以不被任用为耻。因此不被名誉诱惑，不被诽谤吓倒，按照道义行事，严肃地端正自己，不为外物所动摇，像这样才是真正的君子。《诗经》中说："温和谦恭的人啊，只以道德为根基。"即是这样的人。

君子的行为操守，以恬淡无求来修身养性，以节用俭省来培养品德。不恬淡寡欲就无法明确志向，不安定守一就无法达到高远的境界。学习必须静心专一，而增长才干必须刻苦学习，不学习就无法增长才干，没有专一志向就无法学有所成。放纵懒散就不能振奋精神，轻薄浮躁就不能修身养性。年龄随时光而疾速逝去，意志随岁月而消退，终究变得凋残，不能有益于世，只好悲哀地空守着破旧的居舍，那时想有作为哪还来得及！

诵读文本

字谕汝舟儿：……尔年才二十八，已成进士，授职编修，是为侥幸成名，切不可自满。宜守三戒：一戒傲慢，二戒奢华，三戒浮躁。尔既奉母弟居京华，务宜体吾寸心，常持勤敬与和睦。凡家庭间能守得几分勤敬，未有不兴；能守得几分和睦，未有不发。若不勤不和之家，未有不败者也。尔昔在侯官，将此四字于族或人家验之，必以吾言为有证也。尔性懒，书案上诗文乱堆，不好收拾洁净，此是败家气象，嗣后务宜痛改，细心收拾，即一纸一缕，皆宜捡拾伶俐，以为弟辈之榜样。……尔能勤，二弟皆学勤；尔能和，二弟皆学和；尔能孝，二弟皆学孝。尔为一家之表率，慎之慎之！

——节选自《林则徐家书》

译文

写信告诉汝舟我儿：……你年纪才二十八岁，就已考中进士，被授予编修的官职，这是侥幸成名，千万不能骄傲自满。应当坚守三条戒律：一戒傲慢，二戒奢华，三戒浮躁。你既然侍奉母亲提携弟弟在京城定居，务必要体会到我的这片苦心，经常保持勤敬与和睦的态度。凡是家庭间能守得几分勤劳恭敬的，没有不兴旺起来的；能守得几分和睦的，也没有不发达的。那种不勤劳不和睦的家庭没有不衰败的。你以前在家乡侯官居住过，如把“勤敬和睦”四字与家族亲戚中的人家对照检验，必定认为我所说的话是有根据的。你性子懒散，书案上诗文书稿乱堆乱放，不喜欢收拾干净整齐，这是败家气象，日后一定要下决心改正，细心收拾，就算是一张纸、一根线，都应收拾得整齐干净，给弟弟们做出榜样。……你若能勤勉，两个弟弟也会学着勤勉；你能和睦待人，两个弟弟也会学着和睦；你能孝顺长辈，两个弟弟也会学着孝顺。你是一家的表率，千万要慎重再慎重。

先静心，后造鐻

梓庆是鲁国的巧匠，他做的鐻（一种乐器）精巧无比，见到的人都惊叹他的技艺犹如鬼斧神工。鲁侯听闻此事后就召见梓庆，询问他说："你制造的鐻人人惊叹，你是用了什么特别的技术呢？"梓庆回答："我只是个工匠，哪里有什么特别的技术！如果说我和别的工匠不同，我想我只有一条经验，那就是：先静心，后做鐻。准备做鐻时，我从不敢随便分散精神，用斋戒来静心除虑。斋戒三天后，我就不再有庆功、封官、俸禄等有关利禄的念头；斋戒七天后，我就会忘记自己有四肢形体。到了此时，我已完全忘我，不存在朝见君主的想法，所有来自外界的干扰全部消失。只有到了这种状态，我才会走进山林，细致观察各种木料的质地；精心挑选自然形态合乎制鐻的木材，看到这样的木材，一个完整的鐻便出现在我的眼前，只有达到这种境界，我才开始动手加工制作，否则我宁可不做。我做鐻的方法就是以我的自然本性与树木的自然本性相契合，我做的鐻之所以被看成是鬼神所造，大概就是这个原因吧！"鲁侯听了大为感动，称赞梓庆是真正达到至高境界的工匠。梓庆之所以能成为传奇巧匠，就在于他的执着、专一、忘我。他的故事告诉我们，要想有所成就，就要摒除内心的杂念和外界的影响，用纯净之心对待事业。

淡泊名利，悬壶济世

孙思邈是隋唐著名医学家，被后人尊称为“药王”。他是继张仲景之后，第一个全面系统研究中医学的人，是我国医药事业发展过程中举足轻重的人物。他不仅医术精湛，医德思想更是影响深远。他认为，作为一名医生，一生最大的追求、最高的职责就是为病人解除病痛，对其他方面都应该抱着无欲无求的态度。孙思邈一生淡泊名利，朝廷曾多次封他做官，他都拒绝了。隋文帝邀请他做国子博士，他婉言谢绝。唐太宗即位后邀请他入京并赐爵，他坚决不受，一直留在乡间为民治病。他的徒弟们很不理解，有个徒弟问他：“如果说当国子博士会耗费您的时间和精力，皇帝授予的爵位既是无上的荣耀，又无须做政事，您为何还要推辞呢?”孙思邈笑着说：“无论什么官职和荣耀，不过都是些虚名，于我而言没有意义，我是一名医生，医生就应该一心扑在治病救人上，扑在钻研医术上。”唐高宗即位后再次邀请孙思邈做谏议大夫，孙思邈仍旧拒绝，最后碍于情面向朝廷举荐了一名徒弟，自己坚决不为官。在权力和财富面前，孙思邈始终没有一丝贪念。

孙思邈晚年隐居山中，专心立著，总结他一生在内、外、妇、儿、五官、针灸各科的经验。他所创作的医学巨著《千金方》是中国历史上第一部临床医学百科全书，被现代医学学者推崇为“人类之至宝”，他有二十四项成果开了中国医药史的先河。纵观孙思邈的一生，他尽心研究每一个药方，诊治每一位病人，不慕名利，用毕生精力实现了自己的医德理想。

源远流长

> 欲多则心散，心散则志衰，志衰则思不达。
>
> ——《鬼谷子》

这是《鬼谷子》中的一句话，意思是：人的欲望多，心气就不能集中，心气不能集中，心志就衰减，心志衰减就会导致思路堵塞不畅。这句话提醒我们清心寡欲的重要性，只有心志专一才能深入思考，才能得到真正的自我提升。

君子之处世也，甘恶衣粗食，甘艰苦劳动，斯可以无失矣。

——颜元

这句话出自清代思想家、教育家颜元的《颜李遗书》，意思是：有才德的人处世，甘愿穿劣衣吃粗菜，甘愿受苦受累，这样就不会有过失了。这句话告诉我们，有才德的人，不会去刻意追求物质享受，而会警惕物欲对自己的影响。我们应该学习先贤的智慧，专注于自己的事业，抵御外界的诱惑。

胸襟广大，宜从“平淡”二字用功，凡人我之际须看得平，功名之际须看得淡，庶几胸怀日阔。

——曾国藩

这句话出自晚清名臣曾国藩的日记，意思是：要想成为胸襟广大的人，就要在“平淡”二字上下功夫。要以平等之心看待人与我，要以淡泊之心看待功与名。这样时间久了，胸怀就会日渐广大。曾国藩提醒我们“平淡”二字是成就人生旷达胸怀的关键，少些与人攀比的浮躁，多些荣辱不惊的恬淡，人的眼界、格局自然会得到提升。

谈古论今

老师好！我最近心里有些乱，同学说我学的专业累且枯燥，劝我换个专业，您能给我些建议吗？

我觉得你要有自己的主见。在这一课的学习中，也许你能从课文里得到一些启发。梓庆说自己造鐻之前一定要摒弃所有的欲望杂念，忘我后才能进入制鐻的状态。学技术要把心沉下来，要少受外界的干扰。别人说什么，那只是他人的观点，你要保持内心的宁静，才能学到真本事，才能成就事业、成就自我。

老师，梓庆是古代人，他那时的社会环境和现在很不一样吧？现在的人都更看重市场价值。

并不是这样，任何时代的匠人都要守住内心的纯粹。单嘉玖是故宫的书画修复师，她21岁时进入故宫当学徒，学习书画修复技术，这项技术细致、

枯燥，修复一件作品往往要耗时几个月甚至几年，她摒弃浮躁心态和外界干扰，一干就是40年。在书画修复生涯中，数百幅传世书画经她的手重放光彩，延续寿命。她修复的书画中有许多价值连城，单嘉玖恪守“搞文物不玩文物”的家规，甘守清贫，不染指文物市场，不受邀替私人装裱字画。几十年如一日，心如止水，在故宫的小院落里默默修复文物，弘扬中国传统文化。可以说单嘉玖就是当代梓庆一样的匠人。对技术的专注使她看淡了名利，宁静自守；这样的心态又反过来帮助她的技术不断精进，成为当之无愧的大国工匠。

您说得对，我应该把浮躁的心沉静下来，单老师用40年钻研一门技术，我学专业的时间还很短……

是的。无论什么技术，要想学精，都要做到全身心投入，不能三心二意，更不能见异思迁。单嘉玖所在的故宫文保科技部还有不少像她这样的专家，他们有的修钟表，有的修漆器，各有各的绝活儿，相同的是都有一颗淡泊宁静的心。放眼全国，这样的大国工匠还有很多，你可以找找他们的事迹，多看一看，试着去体会他们的执着和坚守。

请您放心，我会学习大国工匠的事迹，更会珍惜学习机会，专心学习，努力提升技能。谢谢您的教导！

学无止境

子曰："学而不已，阖棺乃止。"孔子强调人的一生都要坚持学习。屈原说："路漫漫其修远兮，吾将上下而求索。"这句话表达了不断探索真理的决心。学海无涯，任何人都不可能将所有知识学完，只有持之以恒、不断努力，才能不断发现自己的不足，及时完善自我，更好地适应飞速发展的社会。

诵读文本

学恶乎始？恶乎终？曰：其数则始乎诵经，终乎读礼；其义则始乎为士，终乎为圣人。真积力久则入，学至乎没而后止也。故学数有终，若其义则不可须臾舍也。为之，人也；舍之，禽兽也。

——节选自《荀子·劝学》

译文

学习从哪里开始？又到哪里结束呢？回答是：学习的程序始于诵读《诗》《书》，终于习读《礼经》；学习的意义是以成为士君子为起点，到成为圣人为止。真诚力行，长期坚持，必能深入下去，至死方已。所以，学习的程序虽有尽头，但学习的意义却不可以有片刻舍离。毕生好学才成其为人，反之则与禽兽无异。

虽有嘉肴，弗食，不知其旨也，虽有至道，弗学，不知其善也。是故学然后知不足，教然后知困。知不足，然后能自反也；知困，然后能自强也。故曰：教学相长也。

——节选自《礼记·学记》

即使有美味佳肴，如果不亲口品尝，也不能知道它的美味；即使有高深的道理，如果不学习，也不能明白它好在哪里。所以只有学习之后才能知道自己的不足，只有教人之后才能发觉自己哪里还不清楚。知道自己的不足，然后才能反省自己；发觉自己的困惑，然后才能发奋图强。所以说：教与学是互相促进的。

诵读文本

国子先生晨入太学，招诸生立馆下，诲之曰：“业精于勤荒于嬉，行成于思毁于随。方今圣贤相逢，治具毕张。拔去凶邪，登崇畯良。占小善者率以录，名一艺者无不庸。爬罗剔抉，刮垢磨光。盖有幸而获选，孰云多而不扬？诸生业患不能精，无患有司之不明；行患不能成，无患有司之不公。”

——节选自韩愈《进学解》

译文

国子先生早晨走入太学，召集学生们站在学舍下，教导他们说：“学业由于勤奋而专精，由于玩乐而荒废；德行由于独立思考而有所成就，由于因循随俗而损毁。当今圣君与贤臣相遇，各种法律制度完整地实施。除掉凶恶奸邪之人，提拔俊杰善良之才。具备一点儿优点的人都被录取，拥有一技之长的人没有不被任用的。搜罗、选拔优秀人才，培养造就人才。只有才行不高被侥幸选拔的，哪有才行优秀者不被提举的呢？诸位学生只需担心学业不能精进，不必担心选拔者不够英明；只需担心德行不能有所成就，不必担心选拔者不公正。”

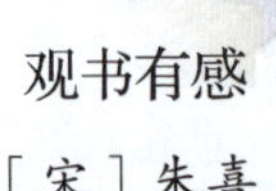

观书有感

［宋］朱熹

半亩方塘一鉴开，天光云影共徘徊。

问渠那得清如许？为有源头活水来。

半亩大的方形池塘像一面镜子展现在眼前，天空的光彩和浮云的影子都在镜中移动。要问为何方塘的水如此清澈呢？是因为水源头源源不断输送活水。

黄宗羲一生勤学

黄宗羲是明末清初著名的史学家、思想家，与顾炎武、王夫之并称“明末清初三大思想家”。黄宗羲是“东林七君子”之一黄尊素的长子。16 岁那年，黄宗羲的父亲被奸臣害死，他没有被丧父的痛苦击垮，而是跟着老师努力学习，经常读书到夜半。少年时的积累，为他日后的发展打下了坚实的基础。黄宗羲成年后，先是投身反奸臣活动，明朝灭亡后，他又奋不顾身积极参加抗清斗争。无论身处的环境多么恶劣、危险，他总是抓紧一切可利用的时间读书学习。有一次，黄宗羲带领的部队突然被清兵围困，他马上冷静布置士兵守住阵地，等待救兵到来。人心惶惶地等待之时，有学生问黄宗羲：“老师，现在敌众我寡，我们只能等待救兵到来，这段时间我们该做些什么?”黄宗羲从容地说：“能做的都已做了，昨日的历法书我们才读到一半，我们可以趁这段时间继续学习历法。”学生听了他的话备受激励。黄宗羲一生多次被清朝通缉，每次逃难，他都把书带在身上，在颠沛流离的生活中，他从未放弃学习，读书写作已成为他生活中不可缺少的一部分。黄宗羲的晚年生活安定了一些，此时他已成为时代的精神领袖，却依旧不断读书学习。60 多岁时，冬日苦寒，他用棉被包紧自己，坚持读书；夏日酷暑，他在闷热的蚊帐中读书。80 多岁的黄宗羲依然保持读书学习的习惯。记忆力衰退，他就边读边做各种记号以加深印象、加强记忆，真正做到了活到老、

学到老。

黄宗羲一生著述有50多种，300多卷，《明儒学案》《宋元学案》《明夷待访录》等都是中华传统文化的经典之作。黄宗羲终身学习，生活的苦难没能阻挡他学习的热情，声名威望没能影响他自我提升的初心。他的努力不仅成就了自我，也为后世留下了宝贵的精神财富。

唐伯虎学画

唐寅，字伯虎，明朝著名画家、书法家、诗人。唐伯虎从小就表现出了绘画天赋，被称为“天才画家”。唐伯虎小小年纪经常被人称赞，因此有些骄傲自满。母亲把他送去跟大画家沈周学习。唐伯虎跟着老师学习两年后，感觉自己已画得很好了，甚至觉得老师的画作并没有比自己高明多少，心态因此变得浮躁起来，认为自己没必要再学了。沈周看出了唐伯虎的心思，就对他说：“你跟我学了两年，已经学得很好了，可以出师了，明天中午我在花园的客房摆宴为你送别，你早些过去。”唐伯虎听了很高兴，第二天中午早早来

到花园的客房。他从未来过这个客房，从正门进去之后发现这间房子居然有四扇门。每扇门外是不同的风景，东边的门外是繁花似锦，南边的门外是小桥流水，西边的门外是鸟鸣翠柳。唐伯虎看着美景，就想四处游玩，想穿过东门，“咚”一下子撞了个大包，往南门走，“咚”又撞了个大包，他揉揉头，又往西门走，“咚”又撞了一个大包，顶着三个大包，唐伯虎才发现三扇门及门外的风景都是老师画在墙上的画。唐伯虎这才意识到自己的浅薄无知，原来自己的画技还远远赶不上老师。就在这时沈周进来了，唐伯虎看见老师，扑通跪在地上说：“老师，我明白了，我的骄傲自满非常可笑。绘画艺术的境界无比高深，我想继续跟随您学习。”沈周看到唐伯虎很诚恳，同意他留下来继续学习。此后，唐伯虎潜心钻研画艺，不断学习，不断提高，终于成为公认的杰出画家，与沈周、文徵明、仇英并称“明四家”，在中国绘画史上拥有自己的一席之地。这个故事告诉我们，要摒弃浮躁、自满的心态，以谦卑之心向学，才能不断进步，取得优异成绩。

日就月将，学有缉熙于光明。

——《诗经·周颂·敬之》

这句话选自《诗经·周颂·敬之》，意思是：天天有成就，月月有进步。奋发学习，坚持不懈，终使自己心明眼亮。这是周成王自勉要勤奋好学的诗句，这句话提示我们想提升自我、成就自我，就要坚持学习，保持积极向上的学习态度，这样长期积累必定有所进步。

子曰："三人行，必有我师焉；择其善者而从之，其不善者而改之。"

——《论语·述而》

这句话选自《论语·述而》，意思是：三个人同行，其中一定有人可以做我的老师。我选择他们的优点供自己学习，把他们的缺点作为自己的借鉴而改正。孔子认为，要善于发现他人的优点，也要观察他人的不足，保持一颗谦卑的心，随时随地学习身边人的长处，并反思自己和他人的不足，这样才会不断进步。

书山有路勤为径，学海无涯苦作舟。

——韩愈

这句话收录在《增广贤文》中，出自唐代文学家韩愈。这句话可以理解为：知识和技能都不可胜数，而且人们还在不断探索积累。面对如山如海、没有际涯的知识和技能，勤奋和刻苦是学习过程的必经之路，是到达成功彼岸的不二航船。这句话从主客观两方面说明了学习的理念。知识和技能总量无限，所以学习没有止境，这是客观情况；勤奋和刻苦的态度则是主观需要。

理无专在，而学无止境也，然则问可少耶？

——刘开

这句话选自清代刘开的《问说》，意思是：真理不只掌握在少数人手中，学习是没有止境的，那么，提问怎能少得了呢？刘开强调，学无止境，而且在学习过程中，不要迷信权威，要善于发现问题、提出问题，这样才能不断进步。

这一课我们有很多关于学习的格言，您最欣赏哪一句？

我都很欣赏。我特别想给你和同学们分享“业精于勤荒于嬉”这一句话，它时刻提醒我们，学业上要达到专精的程度，一定要刻苦勤奋，嬉戏游乐是学不到真东西的。

老师，我顺利毕业了，在校期间还获得了几次技工大奖。感谢您们的精心培养。

祝贺你！老师为你高兴和自豪！并且老师希望你走上工作岗位之后，能够在工作中继续学习，不断进步。我在这里和你分享两个小故事，作为老师送给你的毕业赠言。中车长春客车股份有限公司高级技师李万君，以精湛的技能打造了中国制造的高速列车，即便已获得“中华技能大奖”，他依然手握焊枪不断钻研新的技术。作为“工人院士”和“高铁焊接大师”，他给一线青年工人的建议是：“做好本职工作的同时要不断学习充电，要不断创新，让我们的产品在世界上不断领先领跑。”再如大国工匠凌伟华，他本来是学火电专业的，后来被分配到水电部门工作，他并没有抱怨，而是及时改变学习方向。2001 年，凌伟华从葛洲坝电厂主动请缨到三峡电厂工作。当时三峡电站机使用的都是进口设备，图纸也都是英文标注，“不懂英文”成了凌伟华工作中的新难题。没有

英文基础，凌伟华捧着字典，一个单词一个单词地查，直到把进口设备说明书和图纸全部读懂。年近四十岁的凌伟华白天工作，晚上自学英文，用一股倔劲攻克了英语难关。他用执着的精神不断提高业务技能，现在是长江电力三峡电厂主机分部调速器负责人，被称为调速器专业的“百科全书”。李万君和凌伟华都是站在时代尖端的技术工人，始终不骄不躁、不断超越自我，不愧是新时代年轻人学习的榜样。

我明白了。我要不断学习和钻研，及时更新自己的知识，提升自己的技能，才能跟上时代的步伐。

是的，从学校毕业只是完成了阶段性的学习任务，社会是另一所学校，工作岗位是另一个学习平台。北京大学2020年毕业典礼上，钟南山院士作为校友，为毕业学子送上寄语：“北大毕业了，这是一个学习的句号，但是我们的学习是一辈子的事，我现在也在学习。我已经健康服务六十年，我不知道还有没有另外六十年，但是我起码要为祖国再服务若干年。”钟南山院士还在不断学习，还有许多大国工匠、时代英雄也在不断学习，我们也必须坚持不懈地学习，才能跟得上时代，才能实现自己的理想，为国家和民族做出贡献。

谢谢老师！我一定会记住老师的话，在工作中不断学习，成为更好的自己！

精益求精

中华传统文化强调做事要有精益求精的态度，只有经历千锤百炼，矢志不渝地追求卓越，不断突破自己，才能达到更高的境界。精益求精是一种顽强的意志品质，哪怕只有细微的改进，也要甘于穷思毕精；精益求精是一种超越的决心，哪怕只有丝毫的提升，也要甘于研精毕智。它是千百年来，中华传统文化发展、丰富的精神动力。

诵读文本

孔子学琴于师襄子。襄子曰:“吾虽以击磬为官,然能于琴。今子于琴已习,可以益矣。”孔子曰:“丘未得其数也。”有间,曰:“已习其数,可以益矣。”孔子曰:“丘未得其志也。”有间,曰:“已习其志,可以益矣。”孔子曰:“丘未得其为人也。”

有间,曰:“孔子有所缪然思焉,有所睪然高望而远眺。”曰:“丘迨得其为人矣,黮而黑,颀然长,旷如望羊,奄有四方。非文王其孰能为此?”

师襄子避席叶拱而对曰:“君子圣人也,其传曰《文王操》。”

——节选自《孔子家语·辩乐解》

译文

孔子向师襄子学习弹琴。师襄子说:“我虽然因磬击得好而被委以官职,但我最擅长的是弹琴。现在你的琴已弹得不错了,可以学新的东西了。”孔子说:“我还没掌握好演奏的技巧。”过了一段时间,师襄子说:“你已经掌握好技巧了,可以学新东西了。”孔子说:“我还没领悟透琴曲的内涵。”又过了一段时间,师襄子说:“你已经领悟到琴曲的内涵了,可以学新的东西了。”孔子说:“我还不知道创作这首曲子的人是什么样子呢。”

又过了些时日,师襄子说:“孔子穆然深思,表现出志向高远的神态,眺望着远方。”孔子说:“我已经知道创作这首曲子的是什么人了。他皮肤黝黑,身材修长,志存高远,拥有天下四方。除了文王谁还能创作出这样的曲子呢?”

师襄子听到后离开座席,双手放在胸前对孔子施礼并说道:“您真是圣人啊,这首曲子就是传世的《文王操》。”

诵读文本

干将者，吴人也，与欧冶子同师，俱能为剑。越前来献三枚，阖闾得而宝之，以故使剑匠作为二枚，一曰干将，二曰莫邪。莫邪，干将之妻也。

干将作剑，采五山之铁精、六合之金英，候天伺地，阴阳同光，百神临观，天气下降，而金铁之精不销沦流。于是干将不知其由。莫邪曰："子以善为剑闻于王，使子作剑。三月不成，其有意乎？"干将曰："吾不知其理也。"莫邪曰："夫神物之化，须人而成。今夫子作剑，得无得其人而后成乎？"干

译文

干将是吴国人，与欧冶子同拜一个师傅，他们都会铸剑。越国献来了三把宝剑，吴王阖闾得到后非常珍惜，因此就命令铸剑工匠再铸造两把，工匠一个叫干将，一个叫莫邪。莫邪是干将的妻子。

干将造剑时，采集了五方名山中的铁矿精华和天下的优质金属矿石，等到了天时，满足了地利，这时候日月同照，百神俯视观看，大自然的元气也降下来了，但炉内的精华原料却不能熔化流动。对此，干将不知道是何缘故。莫邪说："你因为善于铸剑，名声传到吴王那里，吴王就派你造剑，造了三个月还没有成功，知道这是什么原因吗？"干将回答："我不知道这些精华原料迟迟不熔是何道理。"莫邪说："但凡要让神异的东西起变化，必须有人做出牺牲才行。今天你铸造宝剑，该不是也要有人做出牺牲，然后才能成功吧？"干将说：

诵读文本

将曰："昔吾师作冶，金铁之类不销，夫妻俱入冶炉中，然后成物。至今后世，即山作冶，麻绖蓑服，然后敢铸金于山。今吾作剑，不变化者，其若斯耶？"莫邪曰："先师亲烁身以成物，吾何难哉？"于是干将妻乃断发剪爪投于炉中。使童女童男三百人鼓橐装炭，金铁乃濡，遂以成剑。阳曰干将，阴曰莫邪。阳作龟文，阴作漫理。

干将匿其阳，出其阴而献之，阖闾甚重。

——节选自《吴越春秋·阖闾内传》

译文

"以前我的师傅冶炼时，金铁不熔化，夫妻一同跃入炉膛里，这样器物终于铸成。直到今日人们凡是要到矿山冶炼，都要披麻戴孝，敬祀师傅，然后才敢在山中铸造金属。今天我造剑不起变化，恐怕也是这个缘故吧？"莫邪说："师傅能不惜牺牲生命来铸造物品，我还有什么为难的呢？"于是干将的妻子就剪下头发和指甲，将它们投入炉膛中。还叫三百个童男童女鼓风装炭，这时金铁才熔化了，于是铸成了宝剑。阳剑名叫干将，阴剑名叫莫邪。阳剑上有龟背纹理，阴剑上有如水漫流的纹理。

干将把阳剑藏起来，拿出阴剑献给吴王，吴王阖闾非常珍重它。

“推敲”的由来

推敲，是指做事时反复斟酌、再三考虑。然而，这个司空见惯的词语背后却有着一段有趣的故事。

贾岛是唐代苦吟派诗人，常常为了一句诗或是诗中的一个词语苦苦思索、仔细琢磨，力求找到最妥帖、最生动形象的表达方法。

一天，贾岛骑驴行走，想起月夜探访友人李凝未遇的事，不禁作诗感怀。到了中间两句“鸟宿池边树，僧敲月下门”，开始想用“推”字，又想用“敲”字，决定不下来，便在驴背上吟诵，并做出推和敲的姿势来。

当时韩愈担任京兆尹，正带着车马出巡。贾岛不知不觉冲撞到韩愈的仪仗队里，被韩愈的随从拿下带到了韩愈面前。

韩愈问他为什么不回避，贾岛如实回答了酝酿诗句的缘由。韩愈得知后，不仅没有责怪贾岛，反而停下车马，思考了好一会儿后，对贾岛说：“用‘敲’字好。”

为什么“敲”比“推”好呢？因为李凝是个隐士，与外界绝少往来，诗人推断他一定在家，所以带有自信，径自敲门。况且，既是夜间，怎知“鸟宿池边树”呢？想必是敲门声惊起了宿鸟，引起躁动。

贾岛听后连连点头。韩愈欣赏有才华的人，二人自此结成好友，共论诗道。这段故事被后人传为美谈，“推敲”一词便由此产生。

古往今来，文艺精品无不是殚精竭虑、精耕细作的结果。贾岛有诗“两句三年得，一吟双泪流”，描写自己苦吟的经历。杜甫写诗，有着“语不惊人死不休”的执着追求。这种一丝不苟、精益求精的精神，也是技艺精湛的匠人所追求的，是工匠精神的重要内涵。工匠精神不仅存在于技能岗位工作中，只要用心，生活中的方方面面都能开出工匠精神的花朵。

影青瓷和铜镜

中国是文明古国。在悠久的岁月中，中华民族创造了丰富多彩、弥足珍贵的工艺文化。从制瓷、铸镜等工艺中，可窥一斑。

“素胚勾勒出青花，笔锋浓转淡……”这是一首大家耳熟能详的歌曲。作词人用“青花瓷”作为歌名，据说是受了“天青色”

汝窑瓷的启发。青瓷是最早出现的瓷品，其历史可以追溯到商代中期。

源于晚唐五代的影青瓷是古代青瓷工艺的精华。其瓷釉面明澈丽洁，胎质坚致腻白，色泽温润如玉，有“假玉器”之称。李清照《醉花阴》中有“玉枕纱厨”之句，玉枕指的就是青白瓷枕。南宋时影青瓷大量生产，行销海内。当时的影青瓷绝大部分有薄剔而成的透明飞凤等花纹。这些花纹由技艺高超的陶瓷艺人在坯体上刻制之后，涂上透明青釉，以高温烧制而成。

铜镜也是一种能够彰显古代劳动人民智慧与匠心的工艺品。至少从商代末期开始，我国已经出现了铜镜。秦汉以后，铜镜制作工艺日趋成熟，其精美富丽在世界工艺史上备受赞誉。

在众多的铜镜中，西汉中晚期出现的透光镜，堪称奇品。当光线照射在镜面时，镜背的花纹会映衬在镜面对面的墙上。沈括的《梦溪笔谈》对这种奇异的现象有介绍。现代科学研究发现，这种铜镜在铸造过程中，镜背的花纹图案凹凸处由于厚薄不同，经凝固收缩而产生铸造应力，铸造后经研磨又产生压应力，因而形成物理性质上的弹性形变。当研磨到一定程度时，这种弹性形变叠加地发生作用而使镜面与镜背花纹之间产生相应的曲率，从而出现这种透光效果。

无论是玲珑剔透的青花瓷，还是返影奇幻的透光镜，如此令人叹为观止，背后是工匠对技艺和品质的无尽追求在支撑。所以说，正是中国古代能工巧匠精益求精、以达极致的精神，才缔造了辉煌的华夏物质文明。

> 取法于上，仅得为中；取法于中，故为其下。
>
> ——李世民

这句话出自唐太宗李世民所著《帝范》，意思是：取上等的准则来效法，只能得到中等的结果；取中等的准则来效法，只能得到下等的结果。《帝范》是李世民写给子女的政论性著作，他认识到要想做好事情就要有高标准严要求，在实践中不断摸索找到最佳的形式和方法，才能取得满意的结果。

《诗·卫风·淇澳》之篇，言治骨角者，既切之而复磋之；治玉石者，既琢之而复磨之；治之已精，而益求其精也。

——朱熹

这是朱熹《四书章句集注》里的一句话，所注的是《论语·学而》中孔子和子贡的对话，子贡询问老师对待道德是否就像对待骨、角、象牙、玉石一样要“如切如磋，如琢如磨”，孔子欣然赞许。《论语》的原意是道德境界可以不断提高，并用《诗经》中关于工匠制作玉器的诗句相类比，朱熹在注释中点明所引诗句的含义就是精益求精，由切到磋、由琢到磨都是对更高标准的追求。

盖事之出于人为者，大概日趋于新，精益求精，密益加密，本风会使然，故虽出于人为，其实即天运也。

——赵翼

这句话出自清代史学家、诗人、文学家赵翼的《瓯北诗话》，原意是讲诗歌艺术创新的，但是也包含了不断推陈出新才能符合天道、永葆生命旺盛力的普遍道理。它告诉我们，不断进取、精益求精，是从事各种职业都应具备的精神。

老师好！我今天获得了专业资格证书，刚才去给师傅报喜，师傅却说资格证书是最低标准，对待专业一定要永远保持精益求精的态度，他说这是咱们中国匠人祖祖辈辈传下来的宝贵财富。老师您能给我说说什么是中国匠人的精益求精吗？

恭喜你通过了考试！以后你就是中国工匠的一员了。你师傅说得真好！精益求精就是咱们中国工匠百世不变的重要精神。正是古代工匠精益求精地劳作，才有金碧辉煌的紫禁城，才有浑然天趣的江南园林，才有精致典雅的瓷器，才有灿若云霞的丝绸。铸造于两千多年前的曾侯乙墓编钟就是典型的例子。它是由 64 件青铜编钟和 1 件大镈钟组成的庞大乐器，其音域跨五个半八度，十二个半音齐备。它高超的铸造技术和良好的音乐性能，改写了世界音乐史，被中外专家、学者誉为稀世珍宝。当时的科技水平远逊于当代，要制造音域跨度如此之大的乐器，只能依靠匠人们追求极致，不断挑战工艺上限。

是的老师！我第一次看到曾侯乙墓编钟时，非常惊叹两千多年前居然有如此高超的铸造工艺，我们的祖先真是太棒了！

精益求精，不断突破新的极限，是中国工匠从古到今不变的追求。你还记得2014年北京APEC的国礼《和美》吗？那是纯银錾刻的丝巾果盘，由整块银板经成千上万次手工錾刻而成，使用了勾、采、落、压、丝等多种技法，银盘上的丝线和藤条的花纹，缕缕可见。这份国礼就出自北京工美集团的高级技师孟剑锋，他用二十多年的时间潜心钻研工艺，一次次挑战自我，不断提高金属雕刻的精细度，最终制造出多件代表中国工艺最高水平的国礼。

我在网上见过这件国礼，真是精美无比。现在科技很发达，一些细致的手工工艺是否会被机器所取代呢？

科技的进步，机器确实替代很多人工，但是科技取代不了手工工艺，甚至有些高科技离不开咱们匠人的手艺。在2015年抗战胜利大阅兵上，新一代预警机首次公开亮相，令人惊叹！许多人不知道的是，其中最精密的一部分器件是由“最美职工”潘玉华手工焊接的。潘玉华是中国电子科技集团的女技工，全凭手感，她能在指甲盖儿大的电子板上焊接一千多根细小的铅柱，而且这一千多次的重复都能与第一次保持着

同样的精度。练就这样一双巧手，潘玉华用了21年，21年来，她总是不断为自己制定更高的标准，以精益求精的态度对待专业，焊接了很多军工、航天领域先进的飞机和卫星的零部件，是我们手艺人的骄傲！潘玉华入选中央宣传部、中央文明办、中华全国总工会共同发布的“最美职工”名单，她也是其中唯一一名女性，是我们共同的榜样！

原来卫星部件也是咱手艺人的作品，谢谢老师！我会好好学习专业，不断攀登技术的高峰！

哲人之思

壹 四心四端

“四心四端”说是孟子思想的一个重要内容，他的性善论、仁义论、仁政论等都是围绕此说展开的。《孟子》中共有两章谈到“四心四端”。《孟子·公孙丑上》中首次讨论了“四心”，即恻隐之心、羞恶之心、辞让之心和是非之心，并将此“四心”分别视为仁之端、义之端、礼之端、智之端。《孟子·告子上》中进一步指出“四心”是人与生俱来的品质，是仁、义、礼、智这四种儒家所提倡的君子品德的发端，故称“四端”。

朗诵

诵读文本

由是观之，无恻隐之心，非人也；无羞恶之心，非人也；无辞让之心，非人也；无是非之心，非人也。恻隐之心，仁之端也；羞恶之心，义之端也；辞让之心，礼之端也；是非之心，智之端也。人之有是四端也，犹其有四体也。有是四端而自谓不能者，自贼者也；谓其君不能者，贼其君者也。凡有四端于我者，知皆扩而充之矣，若火之始然，泉之始达。苟能充之，足以保四海；苟不充之，不足以事父母。

——节选自《孟子·公孙丑上》

译文

由此看来，一个人，如果没有同情心，不能算人；如果没有羞耻心，不能算人；如果没有谦让心，不能算人；如果没有是非心，不能算人。同情心是仁的发端，羞耻心是义的发端，谦让心是礼的发端，是非心是智的发端。人有这四种发端，就像有四肢一样自然。有了这四种发端却自认为不行的，是自暴自弃的人；认为他的君主不行的，是残害君主的人。凡是有这四种发端的人，知道将它们扩大发展起来，就像火开始燃烧，泉水开始流淌。如果能够扩充它们，便足以安定天下；如果不能够扩充它们，就连奉养父母都办不到。

诵读文本

乃若其情，则可以为善矣，乃所谓善也。若夫为不善，非才之罪也。恻隐之心，人皆有之；羞恶之心，人皆有之；恭敬之心，人皆有之；是非之心，人皆有之。恻隐之心，仁也；羞恶之心，义也；恭敬之心，礼也；是非之心，智也。仁义礼智，非由外铄我也，我固有之也，弗思耳矣。故曰："求则得之，舍则失之。"或相倍蓰而无算者，不能尽其才者也。

——节选自《孟子·告子上》

译文

就人的天性而言，可以使他善良，这就是我所说的人性善良。至于有些人不善良，不能归罪于他的天性。同情心，每个人都有；羞耻心，每个人都有；恭敬心，每个人都有；是非心，每个人都有。同情心属于仁，羞耻心属于义，恭敬心属于礼，是非心属于智。仁、义、礼、智，不是由外界给予我的，是我本来就有的，只是不曾思索它罢了。所以说："探求就会得到，放弃就会失掉。"人与人之间有相差一倍、五倍甚至差距大到无法计量的，就是不能充分发挥他们的人性本质的缘故。

周处自新

“周处自新”是指一个人勇于面对自己的错误并洗心革面，改过自新。这个典故与西晋义兴人周处有关。据说，周处身材魁梧、臂力惊人，年少时便练就了一身好武艺。但因幼年丧父、母亲溺爱，周处从小缺少管束，他任性使气、肆意妄为，人们把他和山上的猛虎、水里的蛟龙合称为“义兴三害”。

周处除害

周处虽为人嚣张跋扈，但秉性刚直且颇有疾恶如仇的侠义之气。一天，周处如往常一样出门玩耍，无意间听见一群人在议论“义兴三害”的种种恶行，不禁义愤填膺，便上前询问到底是哪“三害”如此凶恶，并自告奋勇地宣称要除掉他们。众人吓得默不作声，只有一位老者开口道：“南山上的猛虎、长桥下的恶蛟，还有周处你！”周处听罢，如遭当头棒喝，未泯的羞耻心使他羞愧万分，他当即决定孤身前往除掉猛虎、恶蛟，以重塑自己在乡民心目中的形象，成为万人敬仰的英雄。周处前往深山杀死了猛虎，又下河与蛟龙搏斗。乡民们等了三天三夜不见周处回来，以为他与蛟龙同归于尽了，便欢呼雀跃，杀鸡宰羊，聚在一起相互庆贺。周处历尽艰辛除掉“两害”，回乡见到这番场景后幡然醒悟：原来自己才是乡民眼中最可怕的祸害，如果不洗心革面、痛改前非，自己永远也得不到他们的谅解，更无法成为他们心目中的英雄。

此后，周处一改恶习，拜名士陆机、陆云为师，发愤图强、勤学苦练、修身养性，终于文武双全，得到了朝廷的重用，成就了一番事业。周处为官清正无私，不畏权贵，获得了百姓的尊重与爱戴。

六尺巷

六尺巷位于安徽省桐城市，修建于清朝康熙年间，是一条由鹅卵石铺成的长 180 米、宽 2 米的巷道。这条看似寻常的巷子，有着不平常的来历，它见证了一段邻里之间宽容礼让、化干戈为玉帛的佳话。

六尺巷

据说清朝康熙年间，宰相张英位于桐城的祖宅与当地另一望族吴氏的府邸毗邻，两家院墙之间有条巷子，供双方出入使用。后来，吴家建新房，想占用这条路，张家人不同意，双方争执不下，将官司打到当地县衙。县官考虑到两家都是名门望族，不敢轻易决断。张家人见有理难争，一气之下写了封加急信送到京城张英处，希望他为家里撑腰，出面解决此事。张英看完家书后，认为家人做事应恭敬谦和、礼让邻里，不应为争夺地界与邻居交恶，更不应为这类争利小事惊动官府。他在给家里的回信中写了四句话：“一纸书来只为墙，让他三尺又何妨？长城万里今犹在，不见当年秦始皇。”张英以秦始皇修筑的万里长城为例，告诫家人眼前的利益只是身外之物，转瞬即逝，应目光长远、包容谦让、与人为善。家人阅后，深感惭愧，主动让出三尺空地。吴家见状，颇受触动，觉得张家虽有权有势，却不仗势欺人，感佩张英的容忍雅量及高风亮节。不久，吴家也效仿张家，主动让出三尺房基地，由此便形成了一条六尺宽的巷道，乡人称之为六尺巷。

张英的一封家书，化解了两家的纠纷，张吴两家的礼让之举也成为流传至今的美谈。现在，矗立在六尺巷东西两边的“礼让”“懿德流芳”两座石牌坊，仍静静地诉说着这个脍炙人口的故事，彰显了中华民族谦恭礼让、和谐共处的传统美德。

源远流长

孟子的“四心四端”说对后世产生了深远的影响，历代贤士对此亦有颇多论述。如今重温这些文字，对我们提高个人道德品质、构建和谐社会仍具有很强的现实意义。

是是、非非谓之知，非是、是非谓之愚。

——《荀子·修身》

这句话中，第一个“是”为动词，是“肯定”的意思；第二个“是”为名词，指正确的事物。第一个“非”为动词，是“否定”的意思；第二个“非”为名词，指错误的事物。整句话的大意是：肯定正确的、否定错误的，这叫智慧；否定正确的、肯定错误的，这叫愚蠢。这句话看似简单，实则蕴含着深刻的道理，它强调人应该有明辨是非的判断力，肯定了是非分明的做法，否定了颠倒是非、混淆黑白的做法。

知耻近乎勇。

——《礼记·中庸》

这句话的大意是：一个人知道羞耻就接近勇敢了。这是《礼记》中引用孔子论述修身的方法与途径的话，强调一个人只有知耻，才能自觉地约束自己，才能有所为、有所不为。知耻修心的人能严格约束自己的言行，较为客观地审视自己，正视自己的错误并积极改正。“勇”是指勇于承认和改正错误，这里把羞耻感和勇敢等同起来，强调人应该知道羞耻并勇于改过。

君子于六合飞潜动植、纤细毫末之物，见其得所，则油然而喜，与自家得所一般；见其失所，则闵然而戚，与自家失所一般。

——吕坤

这句话出自明代思想家吕坤所著《呻吟语》，大意是：君子对于世间的飞禽走兽等动物以及植物，甚至微小的生物，看见它们得到适宜的生存处所，就会油然而生喜悦之情，就像是自己得到了一样；看见它们流离失所，就会因怜悯而陷入忧愁悲哀之中，就像是自己失去了一样。吕坤认为，君子视天地万物为一体，认为自己的身躯与万物相通，君子的恻隐之心应推及世间万物，与之休戚与共。

忍一时风平浪静，退一步海阔天空。

——谚语

这是一句家喻户晓的谚语，劝诫人们要有宽容礼让之心。人与人相处，难免会有种种矛盾与冲突，尤其涉及切身利益时，人们常常会患得患失、斤斤计较，甚至变得自私无情、冷酷残忍，以致矛盾加剧、人际关系恶化。如果我们能够换位思考，相互包容礼让，少一些计较，便可避免很多不必要的纠纷，从而达到互惠双赢的效果。恭谦礼让是一种涵养、一种智慧、一种美德、一种力量，心胸宽广、眼光长远、恭谦礼让的人无论何时何地都是受人尊敬的。

孟子所说的羞恶之心在现实生活中有什么作用呢？

羞恶之心是一种内在驱动力，它能激励我们勇于承认并改正错误。具体而言，首先，我们应勇于承认自己的错误；其次，勇于承担相应的后果，积极采取补救措施，而不是逃避责任，寻找各种理由搪塞；再次，细究原因，反思总结，从中吸取教训，避免重蹈覆辙；最后，制定并采取有效的措施以改正错误并付诸行动。俗话说，“金无足赤，人无完人”，没有人是十全十美的，生活中，每个人都有做错事情的可能，最重要的是要有羞恶之心，知错就改。

老师，我看到了一些帮助他人反被讹诈的情况。我们还应该怀着恻隐之心帮助他人吗？

帮助他人反被讹诈的情况毕竟是少数个案，常怀恻隐之心帮助他人是非常必要的，这是一种高尚的品德。只是我们在帮助他人的时候，一方面应采用恰当的方式；另一方面要提高警惕，学会自我保护。例如，遇到摔倒的老人，我们应当伸出援助之手，但需采用正确的方式。如果情况紧急且摔倒者无大碍，应立即帮扶；如果摔倒者受伤较严重，便不宜贸然挪动伤者，以免好心办坏事，而且应采取向周围人求助、拨打急救电话等措施。当然，也可以在援助时采取自我保护的措施，比如保留相关证据。

贰

化性起伪

“化性起伪”语出《荀子·性恶》，是荀子教育哲学的核心理论。“化”是指教化、改变；“性”指人的自然天性；“起”意为形成、养成；“伪”即“为”，指人的作为，这里特指后天人为形成的有积极意义的作为。“化性起伪”是指用礼义法度等去引导、教化、约束人的自然本性，从而使人们树立正确的道德观念、端正言行举止、提高个人修养、遵守社会秩序，最终实现社会的安定。

诵读文本

“凡性者，天之就也，不可学，不可事；礼义者，圣人之所生也，人之所学而能，所事而成者也。不可学、不可事而在人者谓之性，可学而能、可事而成之在人者谓之伪。是性、伪之分也。……今人之性，饥而欲饱，寒而欲暖，劳而欲休，此人之情性也。今人饥，见长而不敢先食者，将有所让也；劳而不敢求息者，将有所代也。夫子之让乎父、弟之让乎兄，子之代乎父、弟之代乎兄，此二行者，皆反于性而悖于情也；然而孝子之道，礼义之文理也。故顺情性则不辞让矣，辞让则悖于情性矣。用此观之，然则人之性恶明矣，其善者伪也。”

——节选自《荀子·性恶》

译文

大凡本性，是天然造就的，不可以通过学习获得，不可以人为造作；礼义，是圣人制定的，人们可以通过学习而做到，可以通过努力从事而成就。不可以通过学习获得、不可以人为造作而是天然生成的叫作本性，可以通过学习做到、可以经过后天努力实现的叫作人为。这是本性与人为的区别。……现在人的本性是饿了想吃饱，冷了想取暖，累了想休息，这是人真实的人性。现在人如果饿了，看见有长辈在就不敢先吃，是为了谦让；累了不敢要求休息，是要为长者代劳。儿子谦让父亲、弟弟谦让兄长，儿子为父亲代劳、弟弟为兄长代劳，这两种行为，都是违反人的本性而背离情感的；然而这是孝子应该遵循的原则，是礼义的制度。所以顺着本性就不谦让了，谦让就背离本性了。由此看来，人的本性显然是恶的，善良的行为是人为的。

诵读文本

故圣人化性而起伪，伪起而生礼义，礼义生而制法度。然则礼义法度者，是圣人之所生也。故圣人之所以同于众，其不异于众者，性也；所以异而过众者，伪也。夫好利而欲得者，此人之情性也。假之人有弟兄资财而分者，且顺情性，好利而欲得，若是则兄弟相拂夺矣；且化礼义之文理，若是则让乎国人矣。故顺情性则弟兄争矣，化礼义则让乎国人矣。

——节选自《荀子·性恶》

译文

所以圣人教化、改变人们恶的本性而兴起后天人为的努力，在受到教化本性的基础上兴起人为努力后就产生了礼义，礼义产生后再制定法度。这样看来，礼义和法度是圣人制定的。因此，圣人之所以和众人相同、与众人无差别的地方，正是先天的本性；和众人不同又超过众人的地方，是后天的作为。喜欢私利而想得到，这是人们的本性。假设有人和兄弟分割财产，如果姑且顺着性情，喜欢私利而想得到，那么兄弟之间就会互相争夺；如果受到礼义仪制的教化，那么就算推让给（毫不相干的）路人也愿意。所以顺着本性兄弟之间就会争夺，受礼义教化甚至会愿意推让给路人。

士别三日，刮目相待

“士别三日，刮目相待”是指与人分别一段时间后，不应再用固有的眼光去看待他人，而应擦亮眼睛、摒除成见，看到他人的进步、成就或改变。这个典故与三国时期东吴名将吕蒙有关。

据说，吕蒙年少时是一个不爱读书、粗暴任性的人。从军后，他虽胆气过人、屡立军功，但因没有多少学识，被人戏称为“吴下阿蒙”。鲁肃初识吕蒙时，觉得他只是一介莽夫，有些瞧不起他。孙权见吕蒙腹内草莽、言行粗俗，耐心地劝导他应在行军打仗之余读书识礼、增长见识。吕蒙大受启发，决定修身养性、发奋学习。此后数年，吕蒙白天忙于军务，晚上秉烛苦读。渐渐地，将士们发现吕蒙说话不像以前那样粗鄙庸俗了，举止也彬彬有礼了，行军打仗时更是屡出妙计，言行之间有了些智者风范与书生意气。一天，都督鲁肃路过吕蒙的驻地，吕蒙设宴款待。刚开始，鲁肃仍以老眼光看待吕蒙，认为他有勇无谋。然而，随着交谈的深入，

吕蒙

鲁肃惊诧地发现吕蒙不卑不亢、谈吐不凡，对时局的分析也颇有见地，尤其当他提出应对西蜀的几大策略后，鲁肃非常震惊，不禁感叹道："如今的你，不再是昔日的吴下阿蒙了！"吕蒙笑道："士别三日，即更刮目相待。"此番交谈之后，鲁肃对吕蒙的胆识谋略、军事才能愈加钦佩，常常与他商议军事方略。

此后，吕蒙识见日益精博，渐能克己让人，颇有国士之风，他于戎马倥偬之际，仍坚持读书学习，并将所学付诸实践，终成一代名将。鲁肃去世后，吕蒙继任东吴都督，为东吴的强盛立下了汗马功劳。

皇甫谧折节读书

皇甫谧是西晋时期著名的学者、医学家、史学家，他一生以著述为业，成就斐然。皇甫谧出身于名门世家，但生母早亡后家道衰落被过继给叔父。他到了二十岁还不学无术、游手好闲、没有节制，有人甚至认为他是傻子，叔母任氏对他的行为感到担忧。

皇甫谧很孝顺，一有瓜果就进献给叔母，叔母说："你以为送些瓜果给我就是孝顺吗？你就像《孝经》上说的那样，即使每天用牛、羊、猪三牲来奉养父母，仍然是个不孝之子！你快二十岁了，却不曾看过什么书，不曾明白什么道理，将来能做些什么事？又拿什么来安慰我？"皇甫谧深受触动、羞愧难当，流着泪表示要改过自新，做一个有学问、有修养的人。

此后，皇甫谧拜学者席坦为师，读书习礼、修身养性。数年间，皇甫谧的学问日益精进，性格变得沉静好思、淡泊寡欲，有了崇高的志向。皇甫谧认为书籍能授人以知识，教人以道理且能流传后世、造福百姓，于是决定将著书作为自己一生的事业。此后多年，皇甫谧隐居乡野、潜心著述，虽不幸得了风痹症，行动不便，仍然废寝忘食地阅读、写作，时人称之为“书淫”，意即嗜书成癖、好学不倦的人。有人劝皇甫谧结交权贵，他不以为然；晋武帝听说他德才兼备，多次下诏敦促他入朝为官，他不仅婉拒，还上表向皇帝借了一车书拉回家读，成为一时佳话。直至晚年，皇甫谧依然勤学不倦、笔耕不辍，写出了许多医学、史学方面的著作，福泽后人，流芳百世。

荀子的“化性起伪”理论有着深厚的思想渊源，它继承了西周以来的礼制思想，融会了孔子的礼学、孟子的义学等思想，肯定礼义的政治、伦理、道德教化功能，主张用礼划分社会等级，维护社会秩序，规范人的行为，约束人的本性。在此基础上，荀子吸收法家的思想，将礼与法相结合，使礼法成为包含

社会关系、政治关系、人伦关系在内的最高秩序，提出了“隆礼重法、礼表法里”的主张，并最终总结出“化性起伪”理论，提倡用礼义法度来教化、约束人的本性。

荀子的“化性起伪”理论以其性恶论为基础，反驳了孟子的性善论，否定人先天具有仁义礼智等道德品质，认为人的本性趋于恶，必须通过后天的学习与教育才能约束人的本性，规范人的行为，培养良好的习惯，形成健全的人格。因此，荀子强调教育的重要意义，注重后天的学习，肯定环境的影响作用。《荀子·劝学》篇从学习的重要性、学习的态度、学习的内容和方法等方面，深刻地阐述了诸多有关学习的问题，至今仍有借鉴意义。

荀子的“化性起伪”理论对后世产生了深远的影响。以韩非为代表的法家学派继承并发扬了荀子的“重法”思想，建立了一套以法治为主的政治思想体系，提出了君主专制中央集权的理论，极大地影响着后世封建王朝的治国理念；自汉朝以后，荀子的“重礼”思想得到了普遍的认可，并渗透到社会的方方面面，礼的观念进一步融入中华民族的文化血液之中；荀子首创的礼法结合的治国思想不仅影响着中国几千年的封建统治，还对当今的法治建设、民主建设、和谐社会建设有着极高的参考价值；荀子的“劝学”思想，不断激励、启发后世学者，成为一代代读书人的精神宝库；荀子提出的“虚壹而静”（虚心专一且内心宁静）和“积善成德”等修德方法，为后人修身养性、陶冶情操提供了有益的参考。

老师，荀子认为“化性起伪”的方法有哪些？

一是积习法。荀子强调积累与学习在修德方面的作用，提出了学习要善于积累、坚持不懈、用心专一、借助外物、知行结合等观点。二是诚心法。荀子提出“君子养心莫善于诚”，认为君子修身养性最好的方法是“诚”，如果能做到诚心诚意地待人处事，并能守住仁德、奉行道义，就能实现思想与行为的高度统一，达到至诚的境界。三是节欲法。荀子肯定人类欲望的合理性，但主张对人欲加以节制，提出了“礼以养欲”和“以心制欲”等观点。四是从师法。荀子特别强调“师法”的重要性，他指出“故有师法者，人之大宝也；无师法者，人之大殃也”，认为学习必须依靠良师的指导，学生应该尊敬老师，结交良师益友是学习与修德的重要途径。

“化性起伪”理论对我们的学习与生活有哪些启示呢？

“化性起伪”理论融会了先秦多家学派的思想精髓，对后世产生了深远的影响，至今仍具有强大的生命力，至少有以下几个方面的重要启示：首先，荀子提出的诸如博学日省、善假于物、择善而从、虚壹而静、日积月累、专一有恒等行之有效的学习方法值得我们深入研究并付诸实践。其次，荀子反复强调“师法”的重要性，敦促人们尊师重道、虚心向学、广交良友。再次，“化性起伪”理论注重“崇礼尚义”，这既对我们提高自身的道德修养具有指导性意义，又有助于协调人际关系、维护社会的和谐稳定。最后，“隆礼重法”的主张对当代中国的治国方略具有重要的借鉴意义。

叁

居安思危

“居安思危”的意思是：即使身处安稳的环境，也要考虑到可能出现的危险，考虑到危险就会有所准备，事先有了准备就可能避免祸患。后世常用这个成语告诫人们身处安定的环境，不能贪图安逸、沉迷享乐。对个人和集体的前途命运应常怀忧患意识，保持高度警觉，分析潜在的危机，并随时做好应对意外事件的准备措施。

朗诵

诵读文本

晋侯以乐之半赐魏绛，曰："子教寡人和诸戎狄，以正诸华。八年之中，九合诸侯，如乐之和，无所不谐。请与子乐之。"辞曰："夫和戎狄，国之福也。八年之中，九合诸侯，诸侯无慝，君之灵也，二三子之劳也，臣何力之有焉？抑臣愿君安其乐而思其终也！《诗》曰：'乐只君子，殿天子之邦。乐只君子，福禄攸同，便蕃左右，亦是帅从。'夫乐以安德，义以处之，礼以行之，信以守之，仁以厉之，而后可以殿邦国，同福禄，来远人，所谓乐也。《书》曰：'居安思危。'思则有备，有备无患，敢以此规。"

——节选自《左传·襄公十一年》

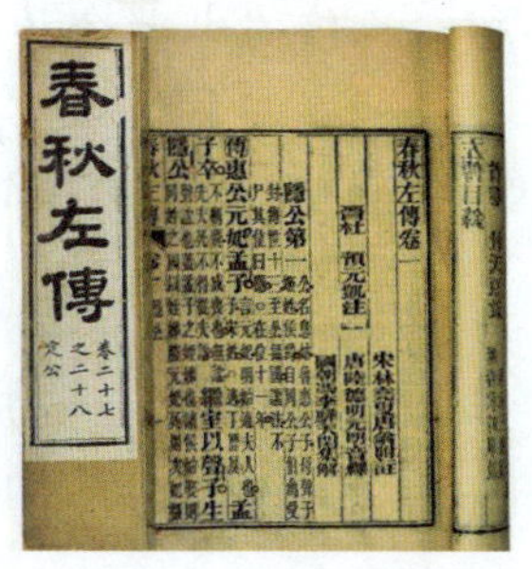

译文

晋侯把一半的乐器和乐人赐给魏绛，说："您教寡人同各部落戎狄讲和，从而使中原诸国都臣服于我。八年中九次会合诸侯，与诸侯的关系好像音乐一样和谐，没有地方不谐调，愿和您一起享用（乐舞带来的）快乐。"（魏绛）辞谢说："同戎狄讲和，这是国家的福气。八年中九次会合诸侯，诸侯没有变心，这是由于君王的威望，也是由于大家的功劳，微臣我有什么力量？然而微臣希望君王您既安于这种快乐，而又可以善始善终。《诗经》说：'快乐啊君子，镇抚天子的家邦。快乐啊君子，他的福禄和别人同享。治理好附近的小国，使他们相率服从。'音乐用来巩固德行，用道义对待它，用礼仪推行它，用信用坚守它，用仁爱勉励它，然后能用来安定邦国、同享福禄、招来远方的人，这就是所说的快乐。《书经》说：'处于安定要想到危险。'想到了就有防备，有了防备就没有祸患。谨以此向君王规劝。"

诵读文本

诚能见可欲，则思知足以自戒；将有作，则思知止以安人；念高危，则思谦冲而自牧；惧满盈，则思江海下百川；乐盘游，则思三驱以为度；忧懈怠，则思慎始而敬终；虑壅蔽，则思虚心以纳下；惧谗邪，则思正身以黜恶；恩所加，则思无因喜以谬赏；罚所及，则思无以怒而滥刑。总此十思，宏兹九德，简能而任之，择善而从之，则智者尽其谋，勇者竭其力，仁者播其惠，信者效其忠。

——节选自魏徵《谏太宗十思疏》

译文

如果真正能够做到一看见自己想要的东西，就想到要知足以警诫自己；将要兴建土木，就想到要适可而止来使百姓安定；考虑到身处高位有危险，就想到要谦虚并加强自我约束；害怕骄傲自满，就想到要像江海那样有度量能够容纳众多河流；喜爱狩猎游乐，就想到每年只能打猎三次；担忧松懈懒惰，就想到（做事）要慎始慎终；担心自己受到蒙蔽，就想到虚心采纳臣下的意见；害怕朝中有谗佞奸邪之人，就想到端正自身以罢黜邪恶；施恩予人，就想到不要因为一时高兴而奖赏不当；动用刑罚，就想到不要因为一时恼怒而滥用刑罚。综合上述十思，弘扬这九德，选拔有才能的人而任用他们，择取好的意见而听从它，那么有智慧的人就会贡献他们全部智谋，勇武的人就会竭尽他们的力量，仁爱的人就会广施他们的恩惠，诚信的人就会尽献他们的忠心。

狡兔三窟

战国时期，齐国公子孟尝君养了许多门客，其中有个叫冯谖的人，起初并不被孟尝君所赏识。有一天，孟尝君派冯谖到他的封地薛邑做一些收债之类的杂事，并嘱咐冯谖买一些家里欠缺的东西回来。冯谖很快回来复命，孟尝君非常惊讶，冯谖说自己已经完成了任务，并为孟尝君买回了家里所欠缺的“义”。孟尝君很疑惑，冯谖解释说自己在薛邑以孟尝君的名义免除了当地民众的所有债务，并当众将债契全都烧毁，百姓们对孟尝君感恩戴德，都称赞他仁义爱民。孟尝君听后虽有些不高兴，但也无可奈何，只好作罢。

一年后，孟尝君被齐王罢了官职，只好回自己的封地薛邑居住。当地百姓得知后扶老携幼、夹道欢迎，孟尝君这才明白了冯

冯谖市义

谖做法的意义。他向冯谖表示感谢，冯谖说：“狡猾的兔子有三个藏身的窝，那样才可以躲过一些杀身之祸。现在，您虽然有薛邑这个藏身的地方，但还不能高枕无忧，请让我为您多准备两个窝吧！”

不久，冯谖来到梁国，并说服梁王三次派遣使臣带着厚礼前去聘请孟尝君做国相。齐王听到这个消息后十分惶恐，用更隆重的礼节、更丰厚的礼物请孟尝君回齐国做国相。冯谖提醒孟尝君不要急着答应，并建议他向齐王提出要求：把齐国先王传下的祭品放在薛邑，并在薛邑修建宗庙。齐王不得已，只好答应了。宗庙修好以后，冯谖才对孟尝君说：“现在，三个洞都已经准备好了，您可以高枕无忧了！”后来，人们引用“狡兔三窟”这个成语来比喻为了避免灾祸，提前做好防范措施。

伶官天子

五代十国时期，后唐开国皇帝李存勖是一位颇具争议性的风云人物。他自幼喜欢骑马射箭且年少勇猛，常年跟随父亲李克用征战，深得父亲喜爱，颇受唐昭宗赏识，就连劲敌朱温也曾感叹：“生子当如李亚子（李存勖小名）!”李克用去世后，李存勖承袭了晋王爵位，他骁勇善战，长于谋略，十五年间，南击后梁，北却契丹，东取河北，西并河中，威震天下，晋国因此日益强盛。公元 923 年，李存勖称帝，定国号为“唐”，史称“后唐”。同年十二月，李存勖灭了

劲敌朱温建立的后梁政权，终于完成了父亲的遗愿。李存勖亲手缔造了五代十国中面积最大的国家，史载后唐的疆域“四分天下有其三”。此时的李存勖意气风发、踌躇满志，颇有一统天下的气势。

然而，功成名就的李存勖不再锐意进取、励精图治，而是沉溺于享乐、不理朝政，完全没有了往昔指点江山、壮志凌云的气魄。李存勖酷爱看戏，甚至经常粉墨登场，他给自己取了个艺名叫“李天下”，并自封为“伶官天子”。他宠信伶人，终日与之嬉戏厮混，允许他们自由出入禁宫，甚至为其加官晋爵。伶人们也恃宠而骄，干预军政、侮辱朝臣、屡进谗言，以致朝纲混乱、怨声载道。此外，李存勖还滥杀功臣，重用宦官，纵容皇后干政，他横征暴敛、荒淫无度，以致民怨沸腾、藩镇怨愤、士卒离心，终于落到了众叛亲离的地步，最后死于朝臣发动的叛乱之中，终年四十二岁。

欧阳修在《新五代史·伶官传序》中总结李存勖一生的成败得失时曾感叹道：“忧劳可以兴国，逸豫可以亡身。”就是说，忧虑劳苦可以使国家兴盛，安闲享乐可以使自身灭亡，这个道理足以警诫后人。

源远流长

居安思危是一种辩证的思维方式，是一种生存智慧。安与危、存与亡、治与乱、盛与衰、福与祸等相辅相成、相生相克，在一定条件下是可以相互转化的。古人洞见了这一事物发展的规律，留下许多名言警句告诫后人要谦虚谨慎、戒骄戒躁，增强忧患意识，始终保持清醒的头脑。

安而不忘危，存而不忘亡，治而不忘乱。

——《周易·系辞传下》

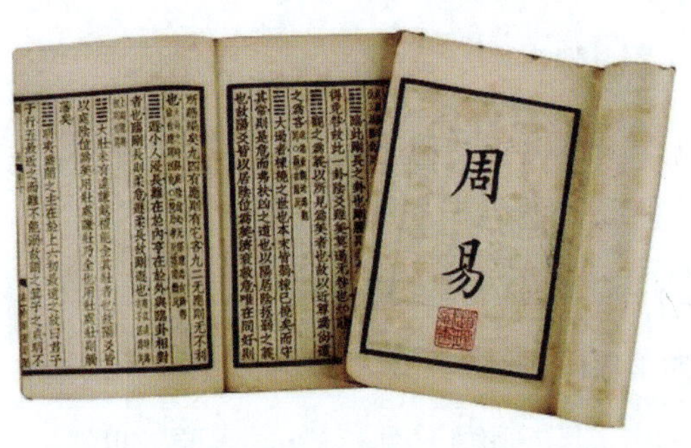

这句话的意思是：君子安定的时候不要忘记可能出现的危险，国家存在的时候不要忘记灭亡的可能性，国家太平的时候不要忘记可能出现的祸乱。这样就能使自身远离灾祸、国家长治久安。这句话强调人要有忧患意识，尤其是执政者，更要居安思危、谨言慎行、自强不息，并对可能威胁国家前途命运的潜在危险保持警惕，这样才能安身保国。

生于忧患，死于安乐。

——《孟子·告子下》

这句话的意思是：忧虑祸患能促使人或国家得以生存发展，而安逸享乐会使人或国家走向灭亡。这是一个亘古不变且具有普遍意义的哲理，警示人们要居安思危、时时警惕，并提前做好相应的防范措施，这样才能降低祸患发生的可能性。忧患意识与危机感能够激发人的潜能，促使人们发奋图强、积极进取、有所成就，能使国家、民族、个人在复杂的局势与激烈的竞争中得以生存，获得立足之地。

明者远见于未萌，智者避危于无形。

——司马相如

这句话出自司马相如的《谏猎书》，意思是：聪明的人在事情尚未萌芽时就能预见到，智慧的人能在危险尚未形成时便设法避开它。《汉书·司马相如传》记载：汉武帝迷恋狩猎，达到如痴如狂的程度，司马相如曾多次陪同汉武帝狩猎，洞察到了其中的隐患，于是写了一篇《谏猎书》，上书劝谏汉武帝不要沉溺于逸乐而忽视其中隐藏的各种祸患。

司马相如

豪华尽出成功后，逸乐安知与祸双。

——王安石

这句话出自王安石的《金陵怀古（其一）》，意思是：奢华生活都是在取得成功后滋生出来的，人们哪里知道安逸享乐从来都是与灾祸相伴的。这句话劝诫人们在功成名就之后更要谨慎，切不可骄逸奢侈，而应保存清醒的头脑，洞察安乐背后隐藏的隐患，懂得福祸相依的道理。

常将有日思无日，莫待无时思有时。

——《名贤集》

这句话的意思是：在生活富足的时候，要想到以后可能会过穷困的日子，不要等到一无所有的时候再来追忆以前的美好生活。这句话见于南宋以来流传民间的通俗读物《名贤集》，明代冯梦龙的《警世通言》中也有记载，劝诫人们要居安思危、戒奢以俭、未雨绸缪。

为什么要居安思危？

俗话说："天有不测风云，人有旦夕祸福。"意外事件常常会改变事物发展的方向，有时甚至会影响个人的命运、国家的发展、国际局势的变化。就个人而言，居安思危、心怀危机感与忧患意识，能促使我们保持进取心与斗志，激励我们不断提高自身修养，增强各种生存技能，这样才能在学习与生活中掌握主动权，在当今激烈的社会竞争中占据一席之地。就国家而言，当今中国日渐强盛，但国内外仍有一些不和谐的因素影响着国家的发展。居安思危、未雨绸缪、防患于未然有助于我们洞察和平背后潜藏的危机，应对当今复杂多变的国际局势，有助于实现国家的长治久安。

怎样做到居安思危?

对潜在危机的洞察力，人各有异，我们能做的就是：一方面，不断地加强学习、注重知识更新、提升自己各方面的能力；另一方面，养成自省的好习惯，这样可以总结、吸取许多宝贵的经验，对处理未来可能出现的危机具有借鉴意义。今日的社会发展迅速，制造、服务等行业新知识、新技术日新月异，技能人才必须不断学习、超越自我，才能在时代洪流中站稳脚跟。2018 年，“大国工匠年度人物”之一陈行行在演讲中说，竞争激烈的社会潮流使技能人才不能懈怠，奋力进取的精神应该在技能人才身上得到体现。被誉为“知识工人”的黑牡丹(集团)股份有限公司技术总监邓建军，在讲座中也专门强调，技能人才要树立忧患意识、危机意识，树立终身学习的理念。

肆

革故鼎新

“革故鼎新”出自《周易 · 杂卦传》:“革，去故也；鼎，取新也。”这个成语的意思是除去旧的，建立新的。传说商汤灭夏朝后，实行了一系列的改革措施，后又命人将夏禹铸造的九个铜鼎（即夏王朝的镇国之宝）搬到了商王都，后人称此事为“革故鼎新”。旧时多以“革故鼎新”指朝政变革或改朝换代，现泛指事物的破旧立新。

诵读文本

公孙鞅曰：“臣闻之：‘疑行无成，疑事无功。’君亟定变法之虑，殆无顾天下之议之也。且夫有高人之行者，固见负于世；有独知之虑者，必见骜于民。语曰：‘愚者暗于成事，知者见于未萌……’

…………

法者所以爱民也，礼者所以便事也。是以圣人苟可以强国，不法其故；苟可以利民，不循其礼。”

——节选自《商君书·更法》

译文

公孙鞅说：“我听说：‘行动迟疑就不会有什么成就，办事犹豫不决就不会取得成功。’国君应当尽快下定变法的决心，不要顾虑天下人的议论。况且超出常人的行为，本来就要背负世俗社会的非议；独自谋划而有智慧考虑的人，必然会被人们认为是狂妄。俗语说：‘愚昧的人在事情已经办成之后还看不明白，智慧的人在事情还没有萌芽的时候就能观察到……’

…………

法度是用来爱护百姓的，礼制是为了方便办事的。所以，圣明的人治理国家，如果能够使国家富强，就不必效仿旧例；如果能够使百姓得到益处，就不必遵循固有的礼法制度。”

诵读文本

今汉继秦之后，如朽木、粪墙矣，虽欲善治之，亡可奈何。法出而奸生，令下而诈起，如以汤止沸，抱薪救火，愈甚亡益也。窃譬之琴瑟不调，甚者必解而更张之，乃可鼓也；为政而不行，甚者必变而更化之，乃可理也。当更张而不更张，虽有良工不能善调也；当更化而不更化，虽有大贤不能善治也。故汉得天下以来，常欲善治而至今不可善治者，失之于当更化而不更化也。

——节选自董仲舒《对贤良策》

译文

现在汉朝继秦朝之后，社会状况犹如朽木和泥墙，即使想很好地治理它，却没有好办法。法令一颁布，奸邪之事接着就发生；命令一下达，欺诈之事跟着就兴起，就像用沸水去制止水的沸腾，抱着木柴去救火，只会越来越糟，没有任何益处。我将这种情况比作琴瑟的声音不协调，情况严重的必须把弦拆下来重新安装，才能弹奏；政策法令行不通，程度严重时就要变革更新，（社会）才能得到很好的治理。应当重新张设琴弦而不改弦更张的，即使有好的工匠也不能调理好（乐音）；应当改革而不改革的，即使有大贤人也不能整治好（社会）。所以汉朝得天下以来，常想好好治理（社会），但直到现在还没治理好，问题就在于应当改革而没有改革。

子产改革

子产是春秋后期郑国著名的政治家，他执政之初郑国内忧外患，国力日渐衰弱。为了富国强兵，子产推行了一系列施政措施，使城市乡村井然有序，全国上下各司其职，田产土地界线分明，房舍民户编制成伍；对忠诚勤俭的卿大夫，听从他们的意见，与他们交好，对骄纵奢侈者就依法处置。

子产执政一年，一些人心怀怨恨，传唱歌谣说："硬逼我把上好的衣帽藏起来，还把我的田产左查右查！谁要去杀子产啊，我一定也参加！"面对重重困难，子产毫不退却。为了使国家有法可依，子产主持修订了刑书，并下令将刑律全文铸在大鼎上，放在王宫门口，向全国百姓公示，这就是历史上著名的"子产铸刑书"事件。子产此举在当时掀起了轩然大波，遭到了许多人的强烈反对。因为春秋时期，上层贵族认为刑律越隐秘越好，决不能让百姓知道。统治阶层认为百姓一旦熟知法律，就会对长官不恭敬、钻法律的空子、产生争夺之心，触犯法律的案件也会越来越多，国家

也就很难治理了。晋国大臣叔向为此特地写了一封措辞严厉的信给子产以示抗议，他认为子产“铸刑书”的举措是郑国衰败甚至亡国的征兆。子产在回信中表示自己这样做是为了匡救社会，他不会听从叔向的劝告而改变自己的决定。

子产“铸刑书”的举措，削弱了贵族的特权，开启了中国古代公布成文法的先例，标志着中国古代法制理念的进步。子产执政的第三年，改革初见成效，百姓从中获得了实惠，郑国民间又流传开一首歌谣：“我们有子弟啊，子产来教导；我们有田地啊，子产帮我们把产量提高；要是子产死了呀，有谁还能像他这样好?”

韩信管粮仓

传说，西汉名将韩信最初投奔刘邦时并未得到重用，只当了一个管粮仓的小官，他虽心有不甘，但仍将粮仓管理得井井有条。韩信刚到任便进行了一系列大刀阔斧的改革，他亲自查点人员、巡视仓库、估计粮数、核对账目，并废除了许多积弊，肃清了办事人员收受贿赂的歪风。经过韩信的一番整改，粮仓的管理焕然一新。

韩信自创了一套独特的清算粮食数目的方法，即“算子估粮”法，这种计算方法既快又准确。韩信常常取算子一把，照米堆多寡，开除一算，毫厘不差，粮仓的人上下无不佩服。丞相萧何听说这件事后大为惊叹，认为韩信确实是一位不可多得的人才，便约见韩信并向他询问“算子估粮”法的奥妙。韩信笑着解释说：“我只是改进了前人算学中‘小九之数’和‘大九之数’的方法，再加以引申、灵活运用。”萧何听后，赞叹不已。韩信摇头苦笑道：“如此精妙的算法本应用于将兵打仗，可惜如今只能用在这升斗锱铢之间。”萧何听出了韩信的弦外之音，深知其怀才不遇之情，安慰他说：“汉王特地让您当一个管粮仓的小官，是想试试您的才能。现在看来，您确实是独一无二的人才，不久定会得到重用！”韩信听罢，心中大为宽慰，进而提出建议：“仓库里的粮食囤积久了会发霉腐烂，可以采用‘推陈出新’的方法加以管理。具体的做法是：在粮仓里开设前后两个门，把新粮从前门运进去，存储起来备用；将旧粮从后门运出来，用于接济百姓。这样既可以防止粮食在蜀中炎热潮湿的环境下腐败变质，又能使物尽其用。”萧何听后连连称赞、嗟叹不已，并立即奏请刘邦命人遵照执行，这便是成语“推陈出新”的典源。

韩信提出的“算子估粮”法与“推陈出新”法，充分显示了他的过人才能。此后，萧何多次向刘邦力荐韩信，盛赞韩信“国士无双”。刘邦最终听从了萧何的建议，封韩信为大将军，使其终于得以施展抱负，成为一代名将。

“鼎”是一个具有多重含义的文化符号，它对中国文化产生了深远的影响。《周易》中有鼎卦和革卦，由此产生了“鼎新”“鼎革”“革故鼎新”等词语，它们的含义是破除旧的、建立新的，强调弃旧图新。历代有关“革故鼎新”的格言警句不胜枚举，这些饱含智慧的话语，敦促着人们积极进取、不断创新，至今仍有启发意义。

苟日新，日日新，又日新。

——《礼记·大学》

这句话的意思是：如果能够一天新，就应保持天天新，新了还要更新。《礼记》中记载，这句话被刻在商王汤的洗澡盆上，原本是说洗澡的问题：假如今天把一身的污垢洗干净了，以后便要天天把污垢洗干净，这样一天天地保持下去。后人将这句话加以引申，作为修身自省、改革创新等方面的格言警句。

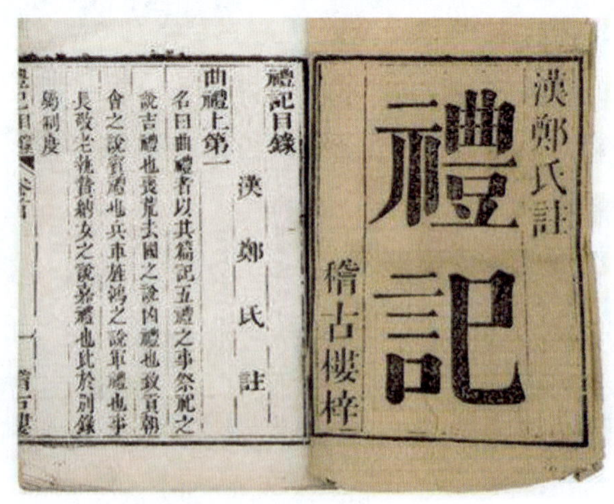

漢鄭氏註

禮記

稽古樓梓

禮記目錄　漢鄭氏註

曲禮上第一

名曰曲禮者以其篇記五禮之事祭祀之
說吉禮也喪荒去國之說凶禮也致貢朝
會之說賓禮也兵車旌鴻之說軍禮也事
長敬老執贄納女之說嘉禮也此於別錄
屬制度

天变不足畏，祖宗不足法，人言不足恤。

——《宋史·王安石传》

这句话的由来仍有争议，但非常符合王安石的变法思想，后人因此多将这句话归于王安石名下。“天变不足畏”是指对自然界的灾异不必畏惧；“祖宗不足法”是指对前人制定的法规制度不应盲目效法；“人言不足恤”是指对流言蜚语无须过多顾虑。后世对这句话颇为推崇，认为它充分体现了一位改革家锐意革新、勇敢无畏的精神。

新故相推，日生不滞。

——王夫之

这句话出自明末清初学者王夫之编著的《尚书引义》，意思是：新的事物会替代旧的事物，既而又会变成旧的事物，被更新的事物替代，就像太阳落下又升起一样，新旧事物的更替会随着时间的推移而不断变化，这种新陈代谢、推陈出新的过程会一直持续，不会停滞。王夫之认为宇宙是不断发展变化的，世间万物每天都有新的变化，事物在荣枯相代的过程中会得到新生，社会发展的总趋势是一代胜过一代。

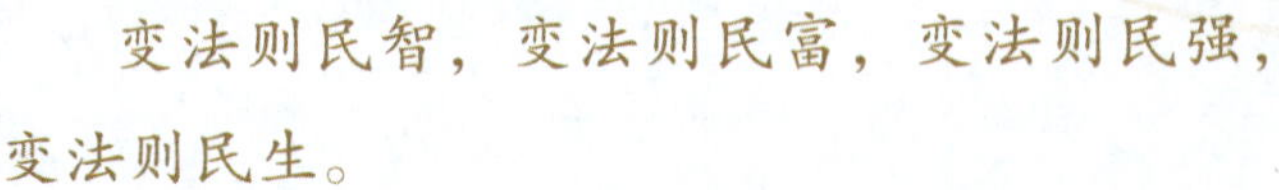

变法则民智，变法则民富，变法则民强，变法则民生。

——谭嗣同

谭嗣同是晚清戊戌变法的倡导者和实践者之一。这句话出自他的著作《仁学》，意思是：变革国家的法令制度，能让人民更具智慧、更富裕、更强大，能使人民获得新生。谭嗣同通过撰写《仁学》一书，大力宣传维新变法思想，推行新政，提倡新学，并以大无畏的牺牲精神捍卫其“挽世运”“救众生”的崇高理想。

我们现在所理解的“革故鼎新”好像和古代的含义不太一样。

是的。“革故鼎新”最初是指政治方面的变革，现在泛指事物的破旧立新，它的含义已经超出了最初的政治范畴，涉及当今社会生活的方方面面。大到国家政策法规以及各行各业的技术知识，小到个人的思想观念，都涉及革新的问题。

“革故鼎新”就是要完全摒弃旧的事物吗？

并不是。革故鼎新强调有继承地发展，也就是说对待旧事物要“取其精华，弃其糟粕”，并在此基础上加以改革、创新。正如牛顿所说：“我之所以看得远，是因为我站在巨人的肩膀上。”实际上，许多具有突破性的新技术、新成果都是在汲取前人智慧的基础上发展而来的。

怎样才能有继承地发展？生活中有哪些值得我们学习的事例？

大国工匠李仁清在中国传统拓印技法的基础上，结合考古测绘、书画修复、雕刻等多项传统技艺，采用正投影原理与绘画艺术相结合的方式，开创了独特的高浮雕石刻传拓技法，突破了传统拓印技法只能平面拓印的局限，攻克了在二维平面上重现三维艺术的技术性难题。他运用这种古老而崭新的技艺对高浮雕和圆雕造像文物进行抢救性的拓印，成功地保留下了大量珍贵的历史文化资料，为传承、弘扬中华民族优秀传统文化及保护人类非物质文化遗产事业做出了重要贡献。

民俗之情

壹 华夏衣冠

《周易 · 系辞下》中云：“黄帝垂衣裳而天下治。”自黄帝起，衣裳变得尤为重要，除了遮体、避寒、美饰的原始功能外，慢慢地还增添了“明礼仪、别尊卑、正名分”等特殊含义。就连“华夏”的称谓都与服饰有关。“中国有礼仪之大，故称夏；有服章之美，谓之华。”华之美融入了夏之大，谓之“华夏”，从此，衣冠上国便与礼仪之邦相依相连。

诵读文本

冠称元服，衣曰身章。曰弁曰冔曰冕，皆冠之号；曰履曰舄曰屣，悉鞋之名。上公命服有九锡，士人初冠有三加。簪缨缙绅，仕宦之称；章甫缝掖，儒者之服。布衣即白丁之谓，青衿乃生员之称。葛屦履霜，诮俭啬之过甚；绿衣黄里，讥贵贱之失伦。上服曰衣，下服曰裳；衣前曰襟，衣后曰裾。敝衣曰褴褛，美服曰华裾。襁褓乃小儿之衣，弁髦亦小儿之饰。左衽是夷狄之服，短后是武夫之衣。

——节选自《幼学琼林·衣服》

译文

冠是戴在头上的服饰，称为元服；衣是穿在身上的服饰，称为身章。弁、冔、冕都是帽子的名称；履、舄、屣都是鞋子的名称。天子赐予的命服有九等，士族行冠礼要加三次帽子。簪缨、缙绅是仕宦的名称。章甫、缝掖是读书人所穿的衣服。布衣是平民的称谓；青衿是秀才的名称。（冬天）穿着夏天的单鞋去踩霜踏雪，便会被讥笑为过于俭朴吝啬。绿是杂色为贱，黄是正色为贵，绿色做面黄色做里，会被讽笑为贵贱伦常的颠倒。上身的服装叫作衣，下身的服装叫作裳。衣的前幅称作襟，后幅称作裾。破旧的衣衫称褴褛，华丽的衣服称为华裾。襁褓是婴儿的服装，弁髦是孩童的帽子。衣襟在左边的是少数民族的衣服，后幅短的上衣是武夫所穿。

诵读文本

菩萨蛮

［唐］温庭筠

小山重叠金明灭，鬓云欲度香腮雪。懒起画蛾眉，弄妆梳洗迟。

照花前后镜，花面交相映。新帖绣罗襦，双双金鹧鸪。

谢人惠云巾方舄二首（其二）

［宋］苏轼

胡靴短靿格粗疏，古雅无如此样殊。
妙手不劳盘作凤，轻身只欲化为凫。
魏风褊俭堪羞葛，楚客豪华可笑珠。
拟学梁家名解脱，便于禅坐作跏趺。

译文

画屏上重叠的小山风景，闪露出时明时暗的晨光。鬓发掠过那雪白的香腮，她懒洋洋地起床去画蛾眉，慢吞吞地梳洗装扮。插花时前镜对着后镜照，红花与容颜交相辉映。她那新做的绫罗裙襦，上面绣着一双金鹧鸪。

胡人短靴风格粗糙、针脚稀疏，靴子没有如此古雅别致的。凤头鞋制作手法如此精妙，穿上轻便得如凫雁飞天。《魏风·葛屦》中的缝衣女工讽刺了服饰华贵却心胸狭隘的贵夫人，楚国春申君三个门客着珠履令盛装的赵使羞惭。想要学梁武帝以丝制鞋，制作出的鞋子名为解脱履，便于参禅时盘腿打坐。

胡服骑射

胡服是对古代西方和我国北方各少数民族服装的统称，后来泛指汉服以外的各族服装。到了春秋时期，博带宽袖的衣裙袍服已成为汉服的主要特色，而胡服的特点正好相反。胡人主要穿贴身短衣、长裤和革靴。胡服之所以能进入华夏民族的视野，主要源于赵武灵王。战国时期赵武灵王即位时，赵国经常与胡人交战且屡战屡败。后来，他看到了胡人骑兵作战的优势，便下令士兵学习骑射。然而，要学骑射，博带宽袖的汉服显然不太合适。于是，赵武灵王力排众议，发动了一场改革——胡服骑射。这对华夏衣冠而言，是一次强有力的冲击。但因便利和舒适，胡服受到了后世百姓的青睐，成为汉服中的新元素。汉代武将所戴的大冠，就是采用胡服遗制；在唐朝开元、天宝年间，女子流行穿胡服骑马；两宋时期，朝廷曾多次下令禁止穿着胡衣，但屡禁不止；明朝从建立之初就禁止胡服，但曳撒（一种明朝武官的制服）却源自胡服；到了清朝，以满族服饰为代表的胡服成为官方确定的服饰。

留仙裙的故事

裙子的历史在我国源远流长，早在 4 000 多年前，黄帝就定下上衣下裳的制度。裳即裙子，且男女通用，直到唐朝时裙装才成为女子的专用服饰。裙子的款式历朝均有变化，其中历久弥新的当数百褶裙。它起源于汉代赵飞燕的留仙裙，时至今日依然是大街小巷的亮丽风景线。汉成帝时期，有一天成帝与皇后赵飞燕同游太液池，兴之所至，飞燕在高台上跳起舞来。突然，一阵风吹过，飞燕差一点儿跌入池中，成帝忙叫乐师抓住她。尽管赵飞燕安然无恙，但身上的裙子却被抓出了很多褶皱。她非常气恼，汉成帝安慰道："就是因为这些褶皱，才留住了你这位仙子。"留仙裙因此而得名。随行的宫女们发现带褶皱的裙子另有一番风韵，于是纷纷效仿，留仙裙便在宫中开始流行。后来这种打褶裙慢慢地"飞入寻常百姓家"，款式和色彩也在不断变化。留仙裙的褶皱虽非剪裁而成，但依然可视为后代百褶裙的雏形。隋唐时期已有百褶裙裙式，如唐代流行的条纹裙。百褶裙真正开始流行起来是在宋代；明代开始出现了百褶裙的名称，明代百褶裙的式样、种类及工艺堪称历代之最。

纵观中国几千年的历史，汉服的式样主要有上衣下裳和衣裳相连两种形制。按功用还可分为礼服和常服，礼服为正式场合穿的服饰，常服一般是去掉大袖，适合日常起居穿着。交领右衽是汉服始终不变的特点。交领指衣服前襟左右相交；右衽是指汉服的左前襟掩向右腋系带，将右襟掩住。一套完整的汉服主要包括首服、体衣、足衣和配饰。

首服

首服也称元服，“元”跟“首”都是头的意思，凡跟头相关的穿戴都算首服，主要包括冠、巾、帽等。最早的首服以保暖御寒为主要目的。但随着周代冠服制度的确立，冠成为区分等级、辨别尊卑的重要标志。古时男尊女卑，除皇家和命妇外，其他女子一般不戴冠。明朝婚礼上女子会戴凤冠。汉代之前，戴冠的男子都是贵族，庶人只能戴帻（包发之巾）。东汉时期，贵族也开始用帻束发。唐代男子头部服饰品最常用的为幞头（俗称乌纱帽）。宋代幞头是文武百官的冠戴，民间最流行的巾式为东坡巾（又称乌角巾）。明代头部服饰品以巾、帽为主。

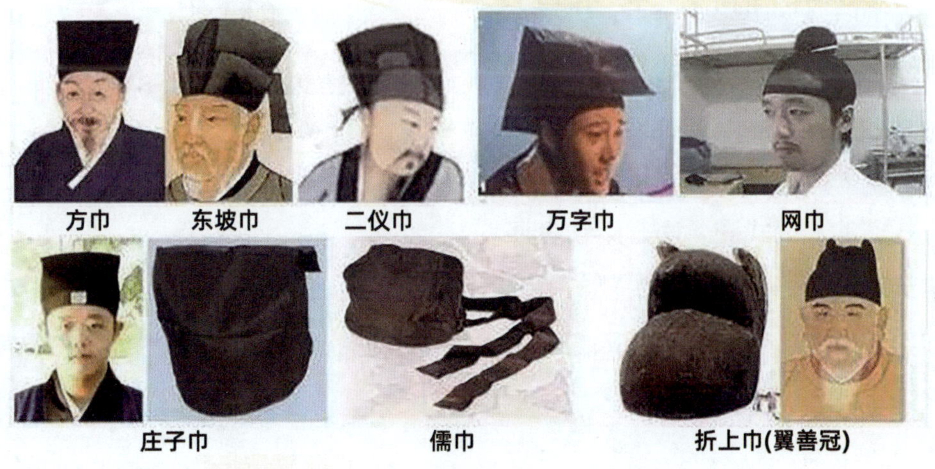

体衣

商周时代主要是上衣下裳；春秋战国时把衣、裳缝合在一起，称“深衣”，后代的袍和裙都由此演变而来。秦朝仍以袍为主要服式，分为曲裾和直裾两种。汉代男女日常服饰都是大襟窄袖，不同的是男子腰间系有革带，有带钩（古代贵族和文人武士所系腰带的挂钩），而妇女腰间只以丝带系扎。隋唐男子多着圆领的窄袖袍衫或胯骨以下开衩的缺胯袍，腰间配革带。唐代女子下身长裙提至腋下，领口富有变化。盛唐时宫廷嫔妃流行袒领，同时女子还盛行穿男装和胡服。宋代服饰较之唐代要内敛很多，但基本样式源自唐朝，其中褙子（对襟、两侧开衩，多罩在其他衣服外面穿着）是比较典型的服饰。明代服饰最突出的特点就是用前襟的纽扣代替了流传几千年的带结。

足衣

足衣大致包括鞋袜两部分。先秦时期，鞋子称为屦，普通大众一般穿草屦。在战国之后屦就被称为履了。南北朝时谢灵运发明了木屐，隋唐时期出现了麻履，唐代贵族男女流行胡靴。宋代，幞取代了履，皮革成为制鞋的主要材料。明代平民男子最常穿着的是一种名为皮扎翁的长筒式履，南方劳动者还常穿蒲鞋；妇女常穿凤头鞋、弓鞋等。袜子最早出现在西周，当时称脚袜，即用丝带将帛裹于足上。汉代已开始出现缝制袜，其后袜子成为人们的日常服饰。

配饰

古人特别重视配饰，它不仅可以增添美感，而且可以彰显身份。古代男子最主要的是佩玉和佩刀，周代君臣皆佩玉，并且玉不离身，明清时期民间盛行佩戴各种玉饰。男子佩剑最初是为了防身，到了秦汉时佩剑成为尊贵的象征。到宋、明时，佩剑之风犹存。古时女子最重视的配饰当数头饰，历朝皆有变化，有笄、簪、华胜、步摇、梳篦、抹额、钗、钿等样式。

老师，国际通常把女性的旗袍视为中国特色的礼服，旗袍算汉服吗?

周锡保教授认为旗袍最直接的来源是清代旗女的袍服，而袁英杰教授认为旗袍源自先秦的深衣。虽然旗袍的起源在学术界颇有争议，但可以肯定的是，旗袍是民国时期女性的主要服饰，而汉服是始于黄帝终于明朝，旗袍自然不属于汉服（华夏衣冠）的体系。但现在我们将旗袍作为一种民族特色的礼服，是因为旗袍虽不是汉服，但具有汉服的很多特点：旗袍算是袍服，而袍服自古有之；旗袍的立领和盘扣也是源自明朝和宋朝的服饰风格等。除此之外，旗袍流动的线条能展现女性典雅、含蓄、温柔的一面，契合中国的中庸文化，也符合东方人的审美，这本身就是对中华传统的继承和发扬。

我在书上见过弓鞋，非常小，我想知道古时的女性是怎样穿进去的？

传说自隋朝开始便流行女性缠足，即把女子的双脚自幼就用布帛缠裹起来，使其变成又小又尖的“三寸金莲”，与高髻云鬟、杨柳细腰一起被视为女性美的标志。弓鞋是特地为“三寸金莲”而制作的鞋式，又叫足尖鞋。也有人说缠足兴起于五代南唐时期，到了宋代已成风尚，明代女子的脚越裹越小，有些甚至无法正常行走。到了清末民初，人们受新思潮的影响，认为裹脚是对女性身心的摧残，于是缠足之风也就慢慢消退。缠足主要在汉族女子中流行，少数民族中满族女性就崇尚天足。视“三寸金莲”为女性美的标志，是一种病态的审美观。

北京作为历史悠久的古都，无论是老百姓还是官员，历来都非常重视服饰文化。清朝入关后，宽袍、大袖和蓄发的传统装束逐渐改变，这也极大地影响了后来北京人的穿着打扮。

清朝定都北京以后，剃发垂辫已成定制，因此老北京的男子不分种族和尊卑都戴上了帽子，当时老北京最流行的就是便帽。清朝老北京男子的服装以长袍、马褂为主。马褂以黄色为贵，俗称黄马褂，一般平民不能穿。京城男子穿便服时主要搭配老北京布鞋，若穿官服时就配革靴。

清朝北京汉族女性服装传承了明朝遗风，一般有披风、袄、裙等。披风即外套，作用与男人马褂相似。披风内依次为大袄与贴身小袄，下装为遮足长裙。汉族妇女有缠足的习俗，着弓鞋。满族妇女穿旗袍，不缠足，多穿花盆鞋。

贰

茶饮闲话

“一碗喉吻润；两碗破孤闷；三碗搜枯肠，唯有文字五千卷；四碗发轻汗，平生不平事，尽向毛孔散；五碗肌骨清；六碗通仙灵；七碗吃不得也，唯觉两腋习习清风生。”读“茶仙”卢仝的《七碗茶》时，诗中那行云流水般的韵律深深吸引着读者，那品味茶饮的至高境界也让人精神愉悦。人们常说琴、棋、书、画、诗、酒、茶是文人的七件雅事，可见茶也算得是雅俗共赏。无论是帝王将相，还是文人墨客，乃至凡夫俗子，无不以饮茶为乐。茶虽是一种饮品，但饮茶在中国早已跟艺术、意境、修养等紧密相连，成为一种有着独特内涵的文化传统。

诵读文本

巽上人以竹间自采新茶见赠酬之以诗

［唐］柳宗元

芳丛翳湘竹，零露凝清华。
复此雪山客，晨朝掇灵芽。
蒸烟俯石濑，咫尺凌丹崖。
圆方丽奇色，圭璧无纤瑕。
呼儿爨金鼎，余馥延幽遐。
涤虑发真照，还源荡昏邪。
犹同甘露饭，佛事薰毗耶。
咄此蓬瀛侣，无乃贵流霞。

译文

芳香的茶树掩隐在青翠的湘妃竹林里，叶子上的露水凝聚着纯洁的光华。这位曾在雪山修行的高僧，在清晨时采回了珍贵的嫩芽。蒸茶的烟雾飘于山间溪流之上，又慢慢上升，几乎要升上被朝霞染红的山崖。制出的茶饼有方有圆，色泽瑰丽，如同没有一点儿瑕疵的玉圭、玉璧。我吩咐茶童用金鼎煎茶，茶的浓郁香气飘到了很远的地方。这茶香可以净化心灵，使人返璞归真；也可以清除昏昧邪郁，使人的心灵回到清正的本源。就好像佛祖所赐的甘露饭，熏香了毗耶城的大众。这香茶是蓬莱、瀛洲仙客的友伴，恐怕比天上的仙酒还要珍贵吧！

一字至七字诗·茶

［唐］元稹

茶，
香叶，嫩芽。
慕诗客，爱僧家。
碾雕白玉，罗织红纱。
铫煎黄蕊色，碗转曲尘花。
夜后邀陪明月，晨前命对朝霞。
洗尽古今人不倦，将知醉后岂堪夸。

茶，清香的叶，细嫩的芽。诗人爱慕茶的高雅，僧家喜爱茶的脱俗。茶碾是白玉雕成的，茶筛是红纱制成的。用铫煎出花蕊黄色的茶汤，小心地撇去茶沫便可饮用。深夜泡上一杯可与明月同饮，早上泡上一杯以此笑对朝霞。不论古人还是今人，饮茶都会让人精神饱满，特别是酒后饮茶还有助于解酒呢。

诵读文本

尝茶

［唐］刘禹锡

生拍芳丛鹰嘴芽，老郎封寄谪仙家。
今宵更有湘江月，照出菲菲满碗花。

译文

摘来形似鹰嘴的芳丛嫩芽，放入模具中拍压成型，郎士元把这样制成的好茶寄给我这个修道的闲人。今夜湘江上升起了明月，照着茶汤上微微泛起满碗的茶沫，茶香浓郁扑鼻。

汲江煎茶

［宋］苏轼

活水还须活火烹，自临钓石取深清。
大瓢贮月归春瓮，小杓分江入夜瓶。
雪乳已翻煎处脚，松风忽作泻时声。
枯肠未易禁三碗，坐听荒城长短更。

煎茶的时候，流动的活水还需要用旺盛的大火来烹煮，我去江边的钓石处汲取清水。月影倒映在江水中，我用大瓢舀江水存入瓮中，用小杓将清流装进瓶内。煎茶时茶沫如雪白的乳花翻腾漂浮，茶汤倒出时的声音如松间清风。清澈醇美的茶水使枯肠难以三碗为限，坐着倾听荒城里长长短短的更声相连。

“茶圣”陆羽的故事

“不羡黄金罍，不羡白玉杯；不羡朝入省，不羡暮入台；千羡万羡西江水，曾向竟陵城下来。”唐代著名茶学家陆羽，一生不恋财富、不爱权力，痴心寻茶，被人称为“茶圣”。陆羽自小是个孤儿，其貌不扬且有口吃，幼年被寺院的智积禅师收养，但他不爱佛学只喜钻研茶学。当时在位的皇帝唐代宗，也是爱茶之士。唐代宗听说智积善于品茶，便邀智积一起切磋茶道。唐代宗命人奉上沏好的上等茶，智积小酌一口便不再端杯。代宗一问才知，智积只喝他徒弟陆羽煎的茶。代宗十分好奇，便命人请来陆羽。陆羽煎茶果然不同凡响，不仅色泽透亮，而且茶香鲜醇。代宗大喜，便请陆羽在宫中任职，但不久后陆羽便辞官归去，从此闭门著书，历经三十载完成了茶学经典《茶经》。《茶经》共三卷十章，内容涵括茶叶的起源，种茶、制茶、烹茶的方法，茶器具，茶产地等诸多方面，中国茶文化自此正式定型。陆羽的《茶经》对后世茶学产生了深远影响，是一本里程碑式的著作。

西湖龙井的由来

西湖龙井茶历史悠久，有“绿茶皇后”之誉。西湖龙井茶最早可追溯到唐朝，陆羽在《茶经》中就提到杭州天竺、灵隐二寺产茶。但“西湖龙井茶”之名为世人所知，始于宋代，经过元、明的发展，到清中叶已颇有名气。据说乾隆皇帝特别爱茶，也精于茶道。有一年乾隆下江南，来到杭州龙井村旁的胡公庙小憩。庙中的住持为他端来了一杯茶，只见此茶色泽墨绿、香气沁脾。乾隆品尝了一口，只觉两颊生香、甘醇爽口，不由得拍手叫绝。后来，住持告诉乾隆，此茶便是本地产的龙井茶。乾隆一时兴起，当场封胡公庙前的十八棵茶树为“御茶”。乾隆六次下江南，四次来到西湖龙井茶区品茶赋诗。从此，龙井茶闻名遐迩，问茶者络绎不绝。民国时期，西湖龙井茶成为中国名茶之首。新中国成立后，龙井茶是国家外交的礼品茶。

中国茶历史悠久，可追溯到上古的神农时代，陆羽的《茶经》中就有“茶之为饮，发乎神农氏，闻于鲁周公”的说法。秦以前，人们主要把茶叶作为菜食、药用，并无饮茶之说。到了秦汉时期，茶逐渐推广到日常饮用，形成了品饮的习俗。魏晋南北朝时期，品茶习俗中融入了一些佛教、道教观念，茶文化初见雏形。唐代《茶经》的问世，标志着茶文化正式形成。到了宋代，茶文化更加繁荣和兴盛。明清时期制茶工艺更加成熟，茶文化已在民间普及。

制茶

《神农本草经》中记载：“神农尝百草，日遇七十二毒，得荼而解之。”上古没“茶”这个字，用的是“荼”。最初人们食用的茶叶都是未加工的鲜叶。三国时，魏国开始对茶叶进行简单加工，人们把采来的茶叶做成饼后晒干或烘干，这是制茶工艺的雏形。唐代发明了蒸青制茶法，即将茶的鲜叶洗净后蒸青压榨，去汁制饼，使茶叶的苦涩味降低。宋代的制茶技术越来越发达，人们开始在团饼茶表面饰上龙凤之类的图案，称为龙凤团茶，并且将蒸青团茶改为蒸青散茶。元代时，饼茶、龙凤团茶和散茶并存。到了明代，改蒸青团茶为蒸青散茶，后又改蒸青散茶为炒青散茶，即用锅翻炒茶叶，直到将茶叶的浓郁香味炒出来。此法在如今的绿茶制法中依然沿用，且在不断完善。

烹茶

茶最初是采食鲜叶直接食用，春秋时期人们开始生煮茶叶，但并非为饮茶，而是用鲜叶烹煮成羹汤，再加上盐等调味品后食用。到了中唐，饮茶以陆羽式煎茶为主，但煮茶仍然是少数民族地区比较流行的一种方式。煎茶主要用饼茶，先将饼茶炙烤，冷却后碾成茶末；水烧开后，初沸调盐，二沸放茶末加以搅拌，三沸就可饮用。宋代变唐代的煎茶法为点茶法，就是先筛出极细的茶粉，放入碗中注以沸水，同时用茶筅快速搅拌击打茶汤，使之发泡，直到泡沫浮于汤面。有一种观点认为，日本的抹茶就是源于此。宋代斗茶用点茶法，茶人自饮也用此法。明清时期主要流行泡茶法，即将茶叶放置在茶壶中，然后用沸水冲泡。因其操作便利，泡茶法很快就走进了寻常巷陌，至今仍为人们沿用。

茶礼

中国人讲究以茶待客，家里只要有客人前来拜访，主人就会奉上热腾腾的清茶。这一礼仪早在东晋时期就已存在，如当时的太子太傅桓温用茶果宴客。随着茶饮文化的盛行，这种待客茶礼也就相沿成习，流传至今。在古代的祭祀习俗中，茶的使用也很普遍。自南朝梁武帝时就开启了以茶为祭的先河，至今有些地区还保留着茶祭的习俗。此外，茶礼还是古代婚礼中必不可少的礼俗。在宋代，茶叶被列为聘礼中的必需品，民间将送聘礼称为下茶、行茶礼；女子受聘，谓之吃茶或受茶。婚俗中的“三茶”是指订婚时的下茶、结婚时的定茶、洞房里的合茶。这种宋代盛行的茶礼婚俗被元、明、清所继承。婚礼中的敬茶之礼，仍沿用至今。

老师，宋代的斗茶与斗鸡、斗蛐蛐一样都是竞技活动吗？

斗茶的确是一种竞技活动。其实早在唐代，斗茶就已在朝廷贡茶的产地建州地区出现，目的是遴选出最优秀的贡茶。斗茶在宋代非常盛行，通常在清明前后进行，可以两人比斗，也可以多人竞技。评判标准是：一看汤色，二看汤花。汤色是指茶水的颜色，一般以纯白为上，青白、灰白、黄白等而下之。汤花则指汤面泛起的泡沫。茶沫泛起之后，水痕出现早的为败，出现晚的为胜。斗茶虽只是一种风雅有趣的茶道活动，但却促进了茶叶品质的不断提高。当今，各产茶省区市召开的名茶评比会或斗茶会，就是古代斗茶风俗的延续。

老师，咱们现在喝的绿茶、红茶、普洱茶是按什么标准来区分的？

明清之前，茶叶只有单一的绿茶。随着制茶工艺的发展，明清时期六大茶类（绿茶、红茶、乌龙茶、白茶、黄茶、黑茶）已全部形成。绿茶是最常见的，又被称为不发酵茶，干茶和泡出来的茶汤颜色以绿色调

为主。红茶又称全发酵茶，特点是红叶和红汤。乌龙茶即青茶，介于绿茶和红茶之间，是半发酵茶类。黑茶的颜色为青褐色，茶汤为褐色或者橙黄，其代表就是普洱茶。黄茶在制作过程中用杀青、闷黄等方法，让绿叶黄化，特色是黄叶黄汤。白茶一般是用白茶树的茶叶，采用绿茶或白茶轻微发酵的加工工艺制成。现代的茶叶也是以此作为标准来进行分类的。

燕京拾影

对于老北京人来说，茶文化跟京剧一样都是国粹。自隋唐到现在，北京人最爱喝的茶品一直都是茉莉花茶，它是绿茶经茉莉花窨制（也叫熏制，是制作花茶的一种工艺）而成，又称为香片。

老北京人沏茶多用茶壶，下面用一个黄铜茶盘托住。他们喝茶也很讲究，喜欢用盖碗，用一只手捧着托碟和碗，另一只手把盖轻轻掀开一道缝儿，然后举到嘴前小啜。给客人沏茶时，水只能倒七成满。续茶次数也不可超过三次，第一杯叫“敬客茶”，第二杯叫“续水茶”，第三杯叫“送客茶”。放置茶壶时，壶嘴不能对着客人，否则就是失礼。

老北京人还喜欢在喧哗热闹的茶馆里喝茶。最早的茶馆出现在元朝，到了清朝和民国时期，老北京城中到处都可以找到茶馆，且种类繁多。老北京的茶馆通常还会提供一些茶点，当时有种说法是“甜配绿，酸配红，瓜子配乌龙”。“甜配绿”是用甜点搭配绿茶；“酸配红”是用酸味的食品搭配红茶；“瓜子配乌龙”则是用咸味的食物，如瓜子、花生米等小吃搭配乌龙茶。

叁

行俗路仪

“蜀道之难，难于上青天”，第一次去长安的李白，行走在崇山峻岭之间，面对着逶迤的蜀道不胜唏嘘；“鸡声茅店月，人迹板桥霜”，寂冷的清晨，诗人温庭筠孤身行走在山村的石板桥上，想着漫漫路途，心中凄苦之情油然而生……在交通和通信皆不发达的古代，出行对于大部分人来说是大事，因此，迎送都有仪式。为保证重要信息和物品的传递，古代官府还开辟了驿路。

诵读文本

杨柳枝词（其八）

［唐］刘禹锡

城外春风吹酒旗，行人挥袂日西时。

长安陌上无穷树，唯有垂杨管别离。

踏莎行·祖席离歌

［宋］晏殊

祖席离歌，长亭别宴。香尘已隔犹回面。居人匹马映林嘶，行人去棹依波转。 画阁魂消，高楼目断。斜阳只送平波远。无穷无尽是离愁，天涯地角寻思遍。

译文

城外春风吹动酒旗，行人挥袖告别，已是夕阳西下之时。长安道上树木有千万种，只有杨柳能寄托别离之情。

在长亭中摆上离别的宴席，我们唱完了伤别的悲歌。明知香尘会遮住视线，离人仍频频回首。送行人的马隔着树林嘶鸣，行人的船已随着江波的流转渐行渐远。

画阁里的人黯然魂销，在高楼上双目望断！夕阳下只见江波无边无际。人世间的离愁无穷无尽，把天涯地角都寻思遍。

诵读文本

送别

李叔同

长亭外，古道边，芳草碧连天。
晚风拂柳笛声残，夕阳山外山。
天之涯，地之角，知交半零落。
一觚浊酒尽余欢，今宵别梦寒。

长亭外，古道边，芳草碧连天。
问君此去几时来，来时莫徘徊。
天之涯，地之角，知交半零落。
人生难得是欢聚，惟有别离多。

灞桥折柳

唐朝时期，长安灞桥两岸的柳条曾一度被送行的人们折尽。这是为什么呢？难道是灞桥的柳条格外名贵吗？当然不是，而是由于折柳是当时送别的一种风俗。李白送别晁衡的故事，就体现了这一习俗。阿倍仲麻吕是日本奈良时代的遣唐留学生之一，因喜爱中国的文化而长留大唐，后改名晁衡。他还参加过唐朝科举考试，并且高中进士。他在大唐期间与诗人李白、王维都是非常要好的朋友。当思乡心切的阿倍仲麻吕被批准回日本时，长安的众诗友在灞桥折柳赠别，李白还当场为他写下《灞陵行送别》一诗。

虽然唐朝灞桥折柳相赠已相沿成习，但灞桥折柳之风却是从汉代开始的。灞桥从汉代起就是进出长安的必经之路，所以此地常为送别之地。《三辅黄图》记载，汉人送客至灞桥，往往折柳赠别。这是较早提及灞桥折柳赠别的文字记录。但到了宋代，灞柳风光不再，文学

作品中虽有柳的意象，但折柳的习俗已经式微。明清时期，灞桥几经修葺，恢复如故，只是灞桥折柳的意蕴已经发生改变，成为相思怀乡的象征。

千里送京娘

五代十国时期，军阀四起，战乱频发，百姓终日颠沛流离，苦不堪言。在冯梦龙的《宋太祖千里送京娘》中，讲述了那个时代一位名叫赵匡胤的年轻人不计个人安危，护送一名弱女子辗转千里回到家乡的故事，被传为千古美谈。相传赵匡胤在叔父的道观避祸时，救出了一位被强盗幽禁观中的女子京娘。在那个兵荒马乱的年代，路上时有匪盗出没，赵匡胤便决定护送京娘回家乡，一路上两人以兄妹之礼相待。走到休县时，碰巧遇到了曾经掳走京娘的那伙强盗。赵匡胤跟强盗殊死搏斗，铲除了盗首张方儿、周进，并将强盗的财物分给了当地百姓。当京娘父亲看到平安归家的女儿时，喜出望外之余要将女儿许配给赵匡胤。但赵匡胤不愿自己的行为蒙上不义之名，况且当时他壮志未酬，便婉言谢绝了。这位在传说中被塑造成侠肝义胆之士的赵匡

胤，就是后来宋朝的开国皇帝宋太祖。这个故事说明，古时候像京娘这样的平民百姓在乱世中可谓寸步难行，她能碰到不计回报的侠士实属幸运。因此，古代一些富贵人家在出行时则会花重金聘请习武之人护佑周全。久而久之，能替人保护财物或保障人身安全的保镖行业就应运而生，镖局也随之成立。随着社会的发展，镖局不但可以保送一般私家财物，还可以运送地方上缴的库银。但随着火车、汽车、轮船的开通，镖局难以为继，逐渐湮灭在历史的长河里。

源远流长

南朝江淹诗云：“黯然销魂者，惟别而已矣！”可见在古时，远行、游学的路途总是充满着伤感。背井离乡、道路险阻，甚至有可能会与亲人生离死别。太多的未知让人心生畏惧，古人常常会借助巫术寻求神灵的庇佑，希冀可以路途坦荡。于是，出现了出行择吉、祖道饮饯、长亭送别、临行赠别、接风洗尘等一系列出行的仪式。

出行择吉

古人对出行极为谨慎上心，常常在出行之前占卜，以预测出行的吉凶和出行的吉日。《史记·五帝本纪》中载，舜帝出巡要“择吉月日”。唐宋时期，已经有了皇帝颁发的历书来供人择日选方，俗称“皇历”。至清代时，民间择吉风俗更加盛行。乾隆皇帝曾让大臣梅瑴成主持编修《钦定协纪辨方

书》，每年提供当年的历法，为官家和民间择日选方提供依据。时至今日，每年都“皇历”在民间流行。

祖道饮饯

祖道简称“祖”，是指古人出行时祭祀行神的一种仪式，目的是祈求神灵保佑出行能平安顺利。祖道的仪式一般分为祭祀和饯行两步，又称祖饯。举行祖道时，要先堆一座小土山，放上一只牲畜，并献酒和肉脯来祈祷，然后大家围坐在旁边饮酒饯行。祖道完成后，会在野外路旁设帷帐（祖帐），第二天行人就从这里直接出发。魏晋以后，祖饯和祖道逐渐分离。到了唐代，祖道的仪式已经和饯行的仪式完全分开。此后的饯行虽然仍称作祖饯、祖席、祖筵、祖饮，但其内容已经与祭祀行神基本无关了，饯行的风俗一直流传至今。

长亭送别

亭在周朝时就已出现，当时亭被设在边塞，用以观察敌情。秦汉时期，亭变成基层的行政组织，汉高祖刘邦就曾任亭长。到了后汉时期，亭演变成供行人休憩和食宿的地方。慢慢地，临近城池的亭发展为人们送行的重要场所。秦汉时亭的建制为

“十里一亭”。东汉应劭《风俗通》中载：“汉家因秦，大率十里一亭。”“十里长亭”一词出现在唐朝白居易《白氏六帖》卷九中：“十里一长亭，五里一短亭。”因此，长亭又称为“十里长亭”。久而久之，在诗人的吟咏中，“送君十里长亭，折枝灞桥垂柳”成为古人送别的经典场面。

临行赠别

赠别指离别时亲朋以物品、诗文和钱财赠送出行人。上文中的折柳送别便是赠别的一种方式。除了折柳之外，古人还会赠芍药、文无等植物以及随身携带的扇、佩刀等。芍药又名可离，寓意为可赠离别。文无又名当归，表示离别后应当记得归来。赠言赋诗的送别习俗在先秦时期就已出现，此后一直在文人墨客之间流行，古代文学作品中留存了大量凄清感伤的送别诗。此外，临行赠金也是常见的送别礼俗。汉高祖刘邦当亭长时前往咸阳服役，萧何就曾送盘缠给他。“盘缠”一词，在宋元时代的民间俗语中十分常见。临行赠别的习俗至今仍然保留，只是赠别的物品更宽泛了。

接风洗尘

“接风洗尘”是指出行者到达目的地后，亲朋好友及相关人员设宴欢迎的一种仪式。“洗尘”一词在秦汉时并未出现，但款待来客的习俗已形成。在唐代，洗尘被称为“软脚”，“软脚”最初是指让旅人双脚放松，后来就有设宴款待的含义。洗尘一词出现于五代时期，清代翟灏《通俗编 · 仪节》载，五代“凡公私值远人初至，或设饮，或馈物，谓之洗尘”。到了宋代，“洗尘”又被称为“洗泥”，大意是洗去旅行者身上的脏泥，也是慰劳的意思。“接风”一词较早出现在元杂剧《秦修然竹坞听琴》中，云:“着孩儿那里安歇，便安排酒肴，与孩儿接风去来。”之后，接风、洗尘通用，元明清时期，文学作品中有关接风洗尘的记载比比皆是。直到今天，接风洗尘的习俗在日常生活中仍很普遍，是人际交往的重要方面。

老师，古人出行主要使用什么交通工具呢？

古时最常见的出行工具有畜力车、轿子和船。公元前16世纪已有带辐条车轮和车厢的马车。春秋时期出现了骡车。轿子在东周时就已出现。初期的轿子座椅上没有遮挡。后来，座椅上增加了遮蔽物，形如车厢，还增加了装饰。轿子因时代和形制的不同名称也不同，有肩舆、檐子、兜子、暖轿等种类。今天我们提及的轿子，一般指的是明清时期流行的暖轿。船是古人出行常用的交通工具。古代的筑路技术和交通工具制造技术都不发达，人们长途出行，尤其是携带较多物资出行走陆路十分不便。在可能的情况下，人们往往多选择乘船只，取道水路。

清末民初，随着火车、汽车等现代交通工具的出现，人们出行的方式逐渐发生了改变。当代，高铁、飞机拉近了人与人之间的距离，桥梁、隧道建设技术越来越先进，天堑变通途，人们出行越来越便利。

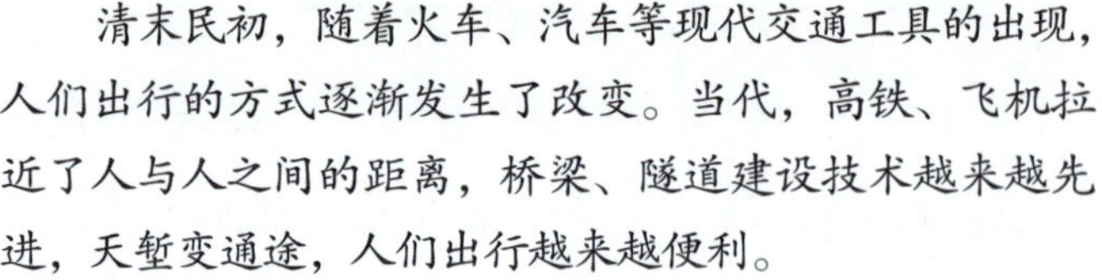

老师，古代出行有交通规则吗？

陕西省略阳县灵岩寺收藏了一块南宋时期的石碑，上面有宋朝制定的仪制令，只有12个字。其内容是：“贱避贵，少避长，轻避重，去避来。”这是宋代官方规定的公共交通规则。除了“贱避贵”包含等级歧视，属

封建糟粕外，仪制令的其他三条规定还是符合情理的。“少避长”指年轻人要给老年人让路。“轻避重”指行李轻的人要给行李重的人让路。“去避来”的含义没有权威解释，但有研究表明，“去避来”是指同向而行时，避让身后来的超越者，因为自后面奔走而来，必定有急事要办，故应当避让。时至今日，出行礼让仍然是非常重要的准则，交通法规中也多有体现。

燕京拾影

清朝，老北京比较常见的交通工具是轿子，轿子有官轿和民轿之分。官轿的级别因官位的高低而有严格的规定。民轿一律是青布小轿，普通民众均可乘坐。还有一种就是喜轿，也叫大花轿，专用于娶亲。老北京的马车是仿西方的四轮马车，可坐三四人，赶车人坐在车厢前的高台上。老北京的普通百姓还会坐驴车，其功用类似今天的出租车。老北京的各城门均有驴户。专门供人雇佣乘骑使用的驴，称为脚驴。

老北京关于出行还有一种习俗——出门饺子进门面。意思是说家里有人要远行，临行前的那顿饭必吃饺子，而游子归来时的第一顿须吃面条！旧时老北京人外出多以行商为主，饺子形似元宝，吃饺子自然有多多赚钱的美好祝愿；游子回家第一顿吃面条，面条象征着顺顺利利，全家人用吃面条的方式为平安归来的亲人接风洗尘。这个风俗不知源于何时，但是直到今天还有许多人家沿袭此俗。

传统节日：清明

春天是生机萌发的季节。到了清明时节，更是天朗气清、万物生长。在二十四节气中，既是节气又是节日的只有清明节。杜牧《清明》中的诗句“清明时节雨纷纷，路上行人欲断魂”，写的是清明人们冒雨上坟祭祖的景象，抒发了因哀伤怀远而肝肠寸断的情感。欧阳修《阮郎归》中有一句“南园春半踏青时，风和闻马嘶”，却又道出了清明时节人们外出踏青赏春，在和畅的惠风中听闻马儿嘶鸣的愉悦之情。清明是一个悲喜杂集的节日，人们既礼赞万物复苏、大地欣欣向荣，又悼亡惜逝，感叹生命无常。

诵读文本

译文

长安清明

［唐］韦庄

蚤是伤春梦雨天，可堪芳草更芊芊。
内官初赐清明火，上相闲分白打钱。
紫陌乱嘶红叱拨，绿杨高映画秋千。
游人记得承平事，暗喜风光似昔年。

清明正是春雨绵绵的伤春时节，芳草青青，惹人怜爱伤怀。长安城中，内官初赐清明新火，大臣闲来以蹴鞠取乐。紫陌路上，骏马的嘶鸣声相交织；绿杨丛里，装饰精美的秋千上下飞舞。游人都还记得昔日升平的乐事，心中暗自欢喜，如今（虽逢乱世，但）这眼前的风光却与盛世无异。

寒食野望吟

［唐］白居易

丘墟郭门外，寒食谁家哭。
风吹旷野纸钱飞，古墓垒垒春草绿。
棠梨花映白杨树，尽是死生别离处。
冥寞重泉哭不闻，萧萧暮雨人归去。

远望城郊的丘墟，清明寒食节里是谁家在哭泣？风吹过旷野，纸钱翻飞，累累的旧坟间又是一年绿草丛生。海棠与梨花映衬着白杨树，处处都是生死离别的地方。亡者在幽晦的阴间听不见哭声，悲伤的人们在潇潇暮雨中回去了。

诵读文本

破阵子·春景

［宋］晏殊

燕子来时新社，梨花落后清明。池上碧苔三四点，叶底黄鹂一两声。日长飞絮轻。

巧笑东邻女伴，采桑径里逢迎。疑怪昨宵春梦好，元是今朝斗草赢。笑从双脸生。

译文

燕子飞来时正赶上春社的日子，梨花飘落之后便是清明。池塘中有三四点碧绿的青苔，栖息在树叶下的黄鹂偶尔歌唱一两声。（春天）白昼越来越长，柳絮随风轻轻地飞舞。

在采桑的路上邂逅了笑靥如花的东邻女伴。正疑惑她昨晚是否做了个美梦，原来是今天斗草获得胜利，所以双颊笑意盈盈。

清明

［宋］黄庭坚

佳节清明桃李笑，野田荒冢只生愁。
雷惊天地龙蛇蛰，雨足郊原草木柔。
人乞祭余骄妾妇，士甘焚死不公侯。
贤愚千载知谁是，满眼蓬蒿共一丘。

清明佳节，桃红李白，竞相绽放。田野上那些荒凉的坟墓令人感到忧伤。春雷滚滚，惊醒了冬眠中的龙蛇百虫；春雨充沛，滋润着郊原上初生的草木。古有齐人出入坟墓间偷食祭品来向妻妾夸耀，亦有介子推拒绝封侯而甘心葬身火海。这些坟墓中的死者究竟是圣贤还是愚人，谁又能知道呢？如今，不过是野草萋萋的坟堆罢了。

寒食节的由来

寒食节，顾名思义就是要禁止烟火、吃冷食。这是为什么呢？难道寒食节是冷餐会吗？原来这里藏着一个悲伤的故事。春秋时期，重耳还是晋国公子时，曾被人陷害而四处流亡。逃亡路上，重耳一行吃光了干粮，最后他身边只剩下几个忠心耿耿的大臣，其中一位叫介子推。有一天，重耳因饥饿晕倒了，介子推忍痛从自己腿上割下一块肉，煮熟给重耳吃。重耳流亡十九年后，终于回到晋国做了君主，史称晋文公。晋文公重耳即位后重赏了有功的旧臣，唯独忘了介子推。但介子推并不计较功名，决意归隐。后来晋文公想起此事愧疚不已，便亲自带人去请介子推出仕，但介子推隐入绵山，避而不见。情急之下晋文公便下令放火烧山，以迫使介子推现身。三天后，晋文公派人上山寻找，发现介子推已和老母亲一起被烧死了。悲痛悔恨之余，晋文公下令全国在这一天禁止烟火，家家吃冷食、喝凉水，以示纪念。到了东汉末年，曹操也曾下过禁火寒食的命令。唐代规定寒食节要禁火三日，到清明节时换上新火。后来，寒食节与清明节融合，寒食禁火也就成了清明节的一个习俗。元代以后，禁火习俗逐渐衰微。

祭祖压纸的由来

到了清明节，一家人或一族人同到先祖坟前烧香、烧纸钱，给坟墓培土，祭拜后还会在坟头压几张纸。为什么祭祖时要在坟头压纸呢？相传这个习俗和汉高祖刘邦有关。传说在秦朝末年，刘邦历尽千辛万苦，终于战胜了西楚霸王项羽，登上了皇帝的宝座。但有一件事情让他难以释怀，那就是他许久未去母亲的坟前祭拜了。于是，他选择暮春时分回乡祭拜母亲。由于战乱，荒野遍地都是新坟旧冢，墓碑更是残损不堪。刘邦和大臣百般寻找也难觅母亲坟墓的踪迹，无奈之下刘邦从袖中抽出一张纸，心里默默祈祷让母亲在天之灵给予指示。结果，小纸片飞到了天上，然后停在一座坟前。刘邦急忙跑过去，仔细辨认墓碑上模糊的字迹，发现上面隐约有母亲的名字。刘邦大喜，继而为母亲修缮坟墓、重立墓碑，并且每次祭拜完后都要在坟头压上几张纸。民间百姓看到君王如此，于是就争相效仿，用压纸片的方式表示这座坟墓已有人祭扫过。后来，这个习惯就逐渐成为汉人的一种祭拜习俗，传承了 2 000 多年。

刘邦

清明是二十四节气之一。《淮南子·天文训》已有关于“清明”的记载。从唐朝开始，清明节融合了寒食节和上巳节的习俗而成为一个重要的民俗节日。宋代至明清时期，清明节的民俗活动不断发展丰富，除了扫墓祭祖外，还有郊外踏青、插柳戴柳、竞技娱乐等。

扫墓祭祖

清明节是重要的祭祀节日，是祭祖和扫墓的日子。中国人祭祀祖先的传统早在上古便有之，那时主要是帝王和诸侯祭祀宗庙。春秋战国时，墓祭属于贵族特有的风俗。到了秦汉时期，一般民众也会到祖先坟墓去祭祀，但并没有具体的时间规定。唐人沿袭祭墓风俗，唐玄宗时，朝廷以政令的形式将民间扫墓固定在寒食节。晚唐将寒食与清明合二为一，扫墓祭祖也由寒食节移至清明节，此习俗流传至今。自 2008 年起，清明节正式成为国家法定假日。

郊外踏青

踏青又称踏春、游春、寻春。起初，踏青的习俗并非在清明节，而是清明前的三月初三，即上巳节。上巳节最早的节俗是祓禊，即在水边举行祭礼，洗濯污垢，消灾祛病。魏晋以后，上巳节祓禊的意义减弱，逐渐增加了迎春赏游之意。从唐代起，古人将上巳节融入清明节，人们更加热衷在清明节踏青出游。宋朝时，清明节踏青习俗得到进一步的发展，并且出现了许多围绕踏青而展开的大型活动。

插柳戴柳

古代清明节有插柳戴柳的习俗，主要有三种形式。一种是把柳条插于门上，意为“明眼”：翠绿的柳条在春风的吹拂中飘摇，看一眼，眼目清亮。第二种是把柳条像插花一般插于头发中，名曰“戴柳”，意为辟毒。第三种是插柳于屋檐之下，象征着生命力旺盛。此外，在清明节踏青的时候，也有人会在轿子和马车上都插上柳条。唐代插柳戴柳辟邪这一风俗就已存在。宋元之后，插柳戴柳习俗更盛，人们清明节踏青游玩回来，会在家门口插柳以辟虫疫和毒患。

竞技娱乐

清明节这一天，古人还会开展放风筝、荡秋千、斗鸡、蹴鞠、牵钩（拔河）等一系列体育活动。相传这是因为清明节要寒食禁火，为了防止寒食冷餐伤身，所以需要举办一些体育活动来强身健体。放风筝、荡秋千、斗鸡、蹴鞠和牵钩的历史都很悠久，至晚在春秋战国时期就已形成。到了唐代，这些竞技体育十分盛行，成为清明时节的重要活动，备受人们喜爱。

儿童蹴鞠游戏

清明食俗

清明节的饮食习俗传承了寒食节的传统，主要吃冷食。在北方，老百姓吃枣饼、麦糕等；在南方，所食则多为青团和糯米糖藕。馓子（一种油炸食品）是我国南北各地共有的清明食物。清明节还有吃蛋的习俗，人们会染蛋（将蛋壳染成各种颜色）或画蛋（在蛋壳上画各种图案），后者主要用于斗蛋（用鸡蛋去互相碰撞）。这一风俗早在南北朝时就已非常流行，至今有些地方还保留了清明吃蛋、画蛋和斗蛋的习俗。

老师，古人为什么要把清明节气称为“清明”呢?

古人认为“万物生长此时，皆清洁而明净，故谓之清明”，顾名思义，清明是清洁明净的日子，是农作物生长的重要节气，也是春耕春种的大好时光。农谚说“清明前后，种瓜种豆”。古人还有清明植树插柳的习俗，所以有“植树造林，莫过清明”的俗语。我国最早的植树节正是设在万物复苏的清明节。为纪念孙中山先生忌日，1928 年，我国将植树节改在 3 月 12 日。清明植树之俗无疑可以造福桑梓、利国利民。

老师，清明节既有祭扫先人墓地的感怀，又有踏青游玩的愉悦，这两种情感本该泾渭分明，古人怎么会把它们融合在同一个节日中呢?

清明祭祀和踏青游玩这二者看似矛盾，其实不然!首先，中国人非常讲究天人合一，清明节气正是万物纳新之时，人们走到郊外投入自然的怀抱，这正是人和自然和谐共生的体现。其次，古人历来便有在庄重的仪式之后再纵情欢乐的节日传统。过上巳节时，古人在举行完祓禊仪式之后便会纵情山水。上巳节的这一习俗后来就被融入清明节中。最后，古人对生死的理解也比较旷达，他们认为人终将归于尘土，只要是寿终正寝，就不是件悲伤的事情。老人高寿而逝甚至有喜丧之说，因此操办丧礼时还会同时使用象征悲伤的黑白物品和象征喜庆的红色物品。这种习俗一直延续到现在。如此，祭奠

正常去世的亲人和祖先，就不会过于沉浸在悲伤中而不能自拔，而是借此表达一种孝道和思念之情。在哀悼祖先之余，享受大自然带来的勃勃生机，这同样也体现着对生命的热爱。

旧时，北京人祭扫坟墓不在清明当天，而在临近清明的单日进行，但不能超出前七后八的范围。老北京在清明节时祭祀先祖亡人，有的会去祖坟墓祭，有的则在家中“烧包袱”进行遥祭。所谓“包袱”，指约尺许的白纸大口袋，上面写着先人的姓名及致祭者名字，袋内放纸钱和纸糊的金银元宝等冥物。

清明前后，老北京人还要去城隍庙烧香、叩拜、求签、还愿和问卜。明清和民国时，老北京有七八座城隍庙，里面供奉城隍爷。到了清明节那天，庙内外十分热闹，人们既为生者祈求风调雨顺、平安康健，也为死者祈祷祝福。老北京还经常举办城隍爷出巡的活动。

老北京的清明节也吃寒食。大名鼎鼎的“寒食十三绝”即驴打滚、艾窝窝、糖耳朵、糖火烧、姜丝排叉、焦圈、馓子麻花、豌豆黄、螺丝转儿、奶油炸糕、硬面饽饽、麻酱烧饼、萨其马。这些寒食各有特色、美味可口，后来慢慢演变成了北京知名小吃。